Anselm Grün

QUARANTÄNE!
EINE GEBRAUCHSANWEISUNG

Anselm Grün

QUARANTÄNE!
EINE GEBRAUCHSANWEISUNG

So gelingt friedliches Zusammenleben zu Hause

Mit Simon Biallowons

HERDER

FREIBURG · BASEL · WIEN

MIX
Papier aus verantwor-
tungsvollen Quellen
FSC
www.fsc.org
FSC® C014496

Als deutsche Bibelübersetzung ist zugrunde gelegt:

Die Bibel. Die Heilige Schrift
des Alten und Neuen Bundes.
Vollständige deutschsprachige Ausgabe

DIE BIBEL

© Verlag Herder GmbH, Freiburg im Breisgau 2020
Alle Rechte vorbehalten
www.herder.de

Umschlaggestaltung: © Verlag Herder
Umschlagmotiv: Archiv Herder
Satz: Daniel Förster, Belgern
Herstellung: GGP Media GmbH, Pößneck

Printed in Germany

ISBN Print 978-3-451-38869-9
ISBN E-Book 978-3-451-82165-3

Inhalt

Widmung

Das Buch, das aus einem gemeinsamen längeren Gespräch zwischen Simon Biallowons und mir entstanden ist, widmen wir beide allen Menschen, die durch die Corona-Krise aus dem Gleichgewicht geraten sind. Wir haben diese Gedanken aber auch aufgeschrieben für alle Menschen, die durch diese Krise aufgerüttelt worden sind und das Gefühl haben, dass wir unser Leben neu bedenken sollten. Denn Situationen, wie sie durch die Corona-Krise ausgelöst worden sind, werden uns immer wieder begegnen: das Leiden an der Enge, das Leiden an unserer Gefährdung durch Krankheit und Tod, das Leiden an unserer Hilflosigkeit und unserem Ausgeliefertsein an Situationen, die wir uns selbst nicht ausgesucht haben, die Erfahrung von schweren Zeiten, die wir durchmachen. Die Krise hat Fragen in uns wachgerufen, wie wir mit unseren Emotionen umgehen, wie wir zueinander stehen und welche Ziele wir uns setzen wollen. So wird uns die Krise noch lange beschäftigen und vor die Frage stellen: Wie verstehen wir uns selbst als Menschen in dieser Gesellschaft? Worin sehen wir den Sinn unseres Lebens? Welche Spur möchten wir eingraben in unsere Welt?

So möchte ich allen Lesern und Leserinnen Gottes Segen wünschen und diesen Segen ausdrücken in einem Gebet: »Barmherziger und guter Gott, segne alle Menschen, die von der Corona-Krise aus ihrem gewohnten Leben herausgerissen wurden. Lass Deinen Segen um sie sein wie ein schützender Mantel, so dass sie sich bei all der Unsicherheit, die unsere Gesellschaft prägt, in Deinem Segen geborgen und behütet fühlen. Durchdringe sie mit Deinem Segen, dass sie trotz der äußeren Gefährdung mit sich selbst in Einklang kommen, dass sie bei allem äußeren Unfrieden mit sich selbst in Frieden sind. Segne sie, damit sie für andere zum Segen werden dürfen. So lasse Gott sein gütiges Antlitz über Euch leuchten und schenke Euch Seinen Frieden. Amen.«

Warum dieses Buch?

Vielleicht wird sich manch einer fragen, ob es wirklich nötig war, solch ein Buch jetzt zu veröffentlichen. Ich kann solche Fragen verstehen, aber ich glaube zutiefst, dass wir alle in solch einer Situation zusammenhalten müssen, dass wir uns solidarisch zeigen müssen, dass wir uns unterstützen und teilen müssen – und mit diesem Buch möchte ich die Erfahrungen, die wir Mönche seit mehr als 1500 Jahren gemacht haben und die heute wirklich konkret helfen können, teilen. Und ich möchte mit diesem Buch die Erfahrungen teilen, die die Menschen in Taiwan mit dieser Krise gemacht haben. Meine taiwanesische Verlegerin, Frau Hsin-Ju Wu, erzählte mir, wie die ganze Gesellschaft gemeinsam die Krise bewältigen will. Sie handeln nach dem Grundsatz: »Ich schütze mich, um dich zu schützen.« So prägt eine christliche Idee die ganze Gesellschaft, in der nur 6 % Christen sind. Es geht mir in diesem Buch um die beiden Gedanken: die Solidarität und den guten Umgang mit der Situation, in der wir auf uns selbst geworfen sind, in der uns viele Ausweichmöglichkeiten genommen werden.

Wir Mönche kennen uns aus mit Abgeschiedenheit, mit Stille, mit Zusammenleben auf engstem Raum. Und natürlich können diese Erfahrungen nicht Probleme der Wirtschaft lösen, sie können keine Existenzen retten, sie können keine Warenengpässe beheben, sie können auch keine Kranken heilen. Und auf keinen Fall dürfen wir diese Krise, die die meisten in diesem Ausmaß so noch nie erlebt haben, und die sehr konkrete Auswirkungen hat, die Existenzen bedroht, die in unseren Alltag auf eine Weise eingreift, wie wir es bislang nicht kannten, bagatellisieren und spirituell überhöhen.

Zugleich dürfen wir gerade jetzt die existenziellen Momente und Bedürfnisse nicht missachten, weil der Mensch von mehr lebt als dem Brot allein. Deshalb können wir mit unserem Wissen obige Probleme sicher nicht lösen. Aber wir können mithelfen, dass etwas vielleicht besser gelingt, was wir manchmal verlernt haben: Zusammenleben. Wir leben in einer Zeit, in der es immer mehr Single-Haushalte gibt, in der Patchwork-Familien häufiger werden, in der wir nicht selten sehr verschiedene Lebens-Rhythmen haben, die von Schule oder Arbeit extern immens bestimmt sind, und sind tagelanges und enges Zusammenleben oft schlichtweg nicht mehr gewohnt. Das ist kein Vorwurf, woher auch? So, wie unser Leben getaktet und unsere Gesellschaft strukturiert ist, haben wir nicht selten weniger Berührungspunkte. Sich aus dem Weg zu gehen, scheint einfacher als früher. Doch das geht jetzt nicht mehr. Damit meine ich nicht nur, anderen aus dem Weg zu gehen. Wir gehen oft auch uns selbst aus dem Weg, flüchten uns dorthin und hierhin, suchen Ablenkungen und immer neue Reize. Das wird jetzt schwieriger, teilweise sogar unmöglich!

Der Begriff »Quarantäne« steht für eine Zeit der Abgrenzung, der Isolation, zeitlich begrenzt. Das ist wichtig: Es wird ein Ende der Quarantäne geben, das sollten wir uns immer wieder sagen. Allerdings weist die Herkunft des Wortes auch darauf hin, wie schwer und fordernd diese Zeit sein kann. Anfang des 15. Jahrhunderts mussten Seeleute, die unter Verdacht standen, die Pest oder andere Seuchen an Bord zu haben, außerhalb von Häfen ankern. In Italien bezeichnete man das als *quaranta giorni*, als »vierzig Tage«. Diese vierzig Tage und das Wort erinnern an das italienische *quaresima*, die Fastenzeit. Die Fastenzeit ist eine Zeit des Verzichts, eine Übungszeit, die den Menschen auf die Probe stellt. Nicht nur spirituell, sondern ganz konkret. Dass die Corona-Quarantäne mit der Fastenzeit zusammenfällt, ist dabei ein bemerkenswerter Zufall. Einer, den wir aber durchaus bedenken können, wenn es darum geht, was diese Zeit für uns und unsere Gesellschaft bedeutet. Wenn wir fragen, wie wir durch diese Krise kommen und was wir daraus lernen, ohne in einen blinden Fatalismus oder auch naives »Lob der Krise« abzurutschen. Denn wie gesagt: Viele Konsequenzen und Folgen haben mit Fastenzeit und Spiritualität nichts zu tun. Da sind Solidarität und Zusammenhalt, Wirtschaft und Politik, die gesamte Gesellschaft gefragt, konkret und immer wieder aktuell.

Das auszuhalten, sowohl die anderen als auch sich, das Zusammenleben oder auch die Einsamkeit, das ist eine hohe Kunst. Wir Mönche versuchen, uns in diese Kunst einzuüben. Wir haben dabei manche Schätze entdeckt, die wir auch selbst wiederentdecken müssen, auch dafür dient dieses Buch. Und wir haben konkrete Lösungen entwickelt, die auch außerhalb des Klosters funktionieren können, besonders in diesen Ausnahmesituationen, aber auch generell in Krisen und Umbrüchen. Diese Schätze, Wege und Lösungen anzubieten und mit Ihnen zu teilen, das ist mein Wunsch und Anliegen dieses Buches.

Erfahrung aus über 1500 Jahren: Die drei Benedikt-Kriterien

Wir Benediktiner haben von unserem Ordensgründer, dem heiligen Benedikt, klare Kriterien für ein gelingendes, friedliches Zusammenleben erhalten. Diese Regeln wurden in Zeiten aufgestellt, die turbulent waren, die durch Völkerwanderungen und andere einschneidende Veränderungen geprägt wurden. Der heilige Benedikt kennt sich daher aus mit dem Zusammenleben in stürmischen Zeiten. Und deshalb lohnt es sich, auf diese drei Kriterien näher einzugehen. Sie mögen in der Formulierung, die ihrer Zeit geschuldet ist, möglicherweise erst einmal überraschen. Doch es sind Kriterien und Prinzipien, die heute besonders wertvoll sein können.

Die Umbrüche, die Benedikt und seine Zeitgenossen erlebten, die Herausforderungen, die sich dadurch stellten, gerade für eine neue Gemeinschaft, waren enorm. Vor diesem Hintergrund sind die Regeln zu lesen, nach denen wir entscheiden sollen, ob ein Kandidat zu unserer Gemeinschaft passt. Benedikt nennt drei Kriterien: »Man achte genau darauf, ob der Novize wirklich Gott sucht, ob er Eifer hat für den Gottesdienst, ob er bereit ist zu gehorchen und ob er fähig ist, Widerwärtiges zu ertragen.« Gerade das letzte Kriterium klingt für unsere Ohren möglicherweise fremd und überzogen. Benedikt meint mit den Kriterien allerdings konkrete Charakterzüge, Eigenschaften und Handlungen, die auch heute noch relevant sind. Wenn der Novize Eifer hat für den Gottesdienst, dann ist er ein spiritueller Mensch, einer, der alle Dimensionen des Menschseins auslebt, sich nach etwas anderem ausrichtet, seiner Sehnsucht nachspürt – und zwar beständig und durchgängig, nicht nur in Momenten religiöser Schwärmerei oder Verzückung, sondern mit Eifer. Dahinter verbirgt sich auch die Offenheit für Beziehung, zu Gott, aber auch zum Menschen allgemein. Eifer zum Gottesdienst, das können wir mit Emotionsfähigkeit übersetzen, mit einer Absage an eine narzisstisch verstandene Gottsuche, die nur um sich selbst kreist und deshalb auch nur bei sich bleibt. Genauso brauchen wir in unserer Gesellschaft im Großen und in unseren Beziehungen und Familien Menschen, die offen sind, die Emotionen zeigen und verstehen, die empathisch sind, um diese Krise ohne große Verwerfungen zu meistern. Mit vielen Parallelwelten, in denen jeder für sich das Heil sucht, werden wir die Herausforderungen nicht meistern können. Das gilt für diese Krise und für viele andere, die uns immer wieder im Leben begegnen werden, auch.

Emotionsfähigkeit bedeutet dann auch, andere Menschen einfach zu fragen, wie es ihnen gerade geht. Das kann in der Familie geschehen, wo wir den oder die anderen reden lassen über ihre Sorgen, darüber, was sie sich jetzt wünschen und erhoffen. Zuhören ist eine Kunst, die unsere Gesellschaft zu vergessen droht. Nicht ohne Grund beginnt die Benediktsregel im Prolog mit der Formulierung: »Höre, mein Sohn, auf die Weisung des Meisters, neige das Ohr deines Herzens, nimm den Zuspruch des gütigen Vaters willig an und erfülle ihn durch die Tat! (...) Wer Ohren hat zu hören, der höre, was der Geist den Gemeinden sagt!« Karl Rahner sprach vom »Hörer des Wortes« und zeigte damit auf, wie existenziell das Hören für uns als Menschen ist. Den alten Spruch »Wer nicht hören will, muss fühlen« könnte man in sein Gegenteil verkehren: »Wer nicht hören will, wird nicht fühlen.« Das Hören, auf sich und auf die anderen, ist wesentlich für das Einfühlen, in die eigene Seele und in die anderer. Wer nicht hört, der fühlt nicht und hat keine Offenheit für

Emotionalität – das zeigt sich beim engen Zusammenleben besonders deutlich.

Wir können das Hören neu einüben, gerade jetzt, es
ist eine Chance. Im Hören auf die Sorgen und Nöte,
aber durchaus auch auf die Wünsche, Ziele und Träume. Fragen wir doch jetzt, wo wir zu Hause sind, unseren Partner oder unser Kind danach, was er oder es
sich erträumt. Das reißt ihn oder es vielleicht aus dem
Grübeln heraus und zeigt, dass es ein Morgen und Leben nach Corona geben wird. Die Fähigkeit des Menschen, seine innere Resilienz, kann auf diese Weise sti-
muliert und gestärkt werden. Wir merken plötzlich: Da
hört uns jemand zu und will wissen, was wir vorhaben
in unserem Leben! Das ist ein Vertrauen und eine Zusage an uns – und an das Leben, das selbst Vertrauen
und Kraft schenken kann. Nehmen wir uns doch zum
Beispiel vor, mindestens einmal in dieser Woche, vielleicht auch öfter, nur über Wünsche, Ziele und Träume
zu sprechen. Lassen wir das zu unserem Traum-Ritual
werden, es kann uns und das Miteinander verändern.
Denn eine Gemeinschaft, die Träume hat und Ziele,
wird stärker auf Krisen reagieren.

Das bedeutet nun übrigens nicht, dass wir ständig reden, das wäre kontraproduktiv. Wir sollen die anderen auch nicht mit Interesse, das schnell falsch ver-

standen werden kann, überschütten und sie und auch uns überfordern. Wir brauchen Ruhe und Stille, brauchen Momente des Schweigens, damit wir uns nicht auf die Nerven gehen und für uns selbst sein können. Dennoch unterschätzen wir nicht Kraft der Möglichkeit, unser Herz auszuschütten. Am Küchentisch oder auf dem Wohnzimmerteppich, aber auch am Telefon oder per Video. Gerade die Menschen, die jetzt allein zu Hause sind – und das gehört auch zum friedlichen Zusammenleben –, brauchen Ansprache. Die Einsamkeit schleicht sich in die Häuser, besonders die Alten und Kranken, die am meisten betroffen sind von der Isolation, haben niemanden, außer ihrer Einsamkeit, der Angst und den Zweifeln. Nutzen wir die großartigen digitalen Möglichkeiten, um selbst in Zeiten der Isolation zusammen zu leben. Denn wenn der heilige Benedikt deshalb »Gottesdienst« meint, dann geht es auch darum, den anderen zu dienen, ihnen zu helfen, offen für sie zu sein. Gottesdienst ist Menschendienst, gerade jetzt. Und nicht nur die digitalen Möglichkeiten: Wir können neue Rituale finden oder alte wiederfinden, um Menschen zu erreichen und ihnen das Gefühl zu geben, bei ihnen zu sein: Für mich ist beispielsweise ein besonders wertvolles Freundschaftsritual das Briefschreiben. Handy und E-Mail zählen natürlich auch, doch sich bewusst hinzusetzen, sich die Zeit zu nehmen – die Zeit, die jetzt da ist! – und einem

Freund oder einer Verwandten einen Brief zu schreiben, das ist ein wunderbar erfüllendes Ritual, für mich als Schreiber und für den anderen als Leser. Das Christentum ist ja im Wesentlichen eine Briefreligion, so waren die ersten Christen, die nicht selten auch in der Isolation lebten, zusammen eine Gemeinde. Und mir kommen dabei zwei Zitate in den Sinn, die gut ausdrücken, was Briefe und dieses Freundschaftsritual bedeuten. Der lettische Schriftsteller und Psychologe Konstantin Raudive stellte einmal fest: »Menschen, die keine Briefe gewechselt haben, kennen einander nicht.« Und der Philosoph Ernst Horneffer jubelte sogar: »Der Brief sei dir ein Fest! Dieses Fest darfst du dir gönnen.« Der Brief als Fest, das Schreiben als Ritual, das sind konkrete Möglichkeiten, in diesen Tagen Freundschaften neu zu gestalten – und Feste zu feiern! Kleine Feste im Alltag, die verbinden, auch über die Krise hinaus.

Das zweite Kriterium der Regel spricht vom Gehorsam. Ein Novize, der gehorsam ist, muss diesen Gehorsam auch im Alltag zeigen. Mit Gehorsam meint Benedikt auch die Fähigkeit und die Bereitschaft, sich auf die Gemeinschaft einzulassen. Wir können uns die Gemeinschaft der Familie nicht aussuchen. Wir sind in sie hineingeboren. So gehört zum Gehorsam das Hören aufeinander und die Bereitschaft, sich auf das einzu-

lassen, was für das Leben der Gemeinschaft unabding-
bar ist: auf die verschiedenen Dienste des Alltags, auf
die konkrete Form, wie die Gemeinschaft, wie die Familie das Miteinander gestaltet.

Gehorsam ist nichts Abstraktes, sondern sehr konkret.
Heute kann das bedeuten, Regeln und Ratschläge, die
zur Bewältigung der Krise dienen, zu akzeptieren und
mitzutragen. Wer sich einen Spaß daraus macht, sinn-
volle Vorschriften zu boykottieren, stiftet möglicherweise andere zum »Ungehorsam« an und schadet der
Gemeinschaft. Dieser Gehorsam klingt altmodisch.
Sind wir nicht gewohnt, selbstständig und frei unser
Leben zu gestalten? Und doch ist in Zeiten der Krise
das Einhalten von sinnvollen Regeln entscheidend,
das sehen wir deutlich. Benedikt fügt dieser ohnehin
nicht einfach zu erfüllenden Forderung in einem anderen Abschnitt noch etwas hinzu, was interessant für
unsere Situation sein kann: »Ein Gehorsam dieser Art
ist nur dann Gott angenehm und für die Menschen be-
glückend, wenn der Befehl nicht zaghaft, nicht saum-
selig, nicht lustlos oder gar mit Murren und Widerrede
ausgeführt wird.« Das Einhalten von Regeln ist, wenn
man so will, das Minimum. Und es ist nur zu mensch-
lich, dass wir Frust, Widerwille oder Enttäuschung erleben. Von Menschen Gehorsam zu verlangen, wenn
sie gerade ihre Existenzen zerbrechen sehen, wenn sie

krank zu Hause liegen, ist enorm. Doch für die unter uns, die nicht so betroffen sind, können die Worte Benedikts wichtig sein. Nur, wenn wir nicht permanent und beständig kritisieren, jammern und uns beklagen, handelt es sich um »echten Gehorsam«, mit dem wir das Leben in Gemeinschaft meistern können. In einer Familie, in der sich alle den ganzen Tag über die Lage beklagen und sich gegenseitig aufstacheln, werden irgendwann zwangsläufig auch intern Konflikte ausbrechen – die Spirale der Empörung reißt uns zu schnell mit.

Zuletzt das dritte Kriterium, das wir so deuten können: Es geht darum, auch Widerstände auszuhalten, mit komplizierten Situationen umzugehen, etwas leisten zu wollen. Die Klostergemeinschaft ist eben nicht nur eine heile Welt, sondern es gibt auch hier Konflikte, die ausgehalten und gelöst werden sollen. Wir Mönche sollen auch leistungsbereit sein, sollen »beten und arbeiten – und lesen«, sollen uns für die Gemeinschaft einbringen. Nicht in dem Sinne, dass ein Mitbruder nur dann etwas wert ist, wenn er besonders leistungsfähig ist, das nicht. Doch als Teil der Gemeinschaft soll er eben auch seinen Teil beisteuern, gemäß seinen Talenten. Das gilt für jede Gemeinschaft, egal ob Groß- oder Kleinfamilie, WG oder Büro. Jeder soll etwas dazu beitragen, dass Leben gelingt, besonders in herausfordernden Zeiten. Das klingt banal, doch denken wir an Situationen aus dem Alltag, dann ist es das ganz und gar nicht. Bei einer belastenden Situation wie beispielsweise jetzt sind die Nerven angespannt, man fühlt sich fremdbestimmt, hat das Gefühl von Hilflosigkeit und oft der Überforderung. Dieses Gefühl von Überforderung kann tief stecken und zu einer Belastung führen, die sich psychisch und physisch auswirkt, selbst wenn man objektiv betrachtet mehr Zeit und weniger Arbeit hat. Wenn in solch einer Situation das Gefühl entsteht, man sei plötzlich ganz alleine für das Aufräumen oder Einkaufen zuständig, der Partner oder WG-Freund drückten sich, würden die Situation ausnutzen und sich eine schöne Zeit machen – und der andere dies tatsächlich befördert, indem er nichts tut –, so kann das schnell zu Konflikten führen. Was durchaus auch im »normalen« Alltag hilft, dass gemeinsame Aufgaben und Zuständigkeiten vergeben werden, das ist in einer solchen Lage besonders wichtig. Erstens, weil so jeder dazu beiträgt, dass das Leben in einer Ausnahmesituation gelingt. Dieses Gefühl stärkt die Gemeinschaft, schweißt sie zusammen, weil man spürt, dass man nicht allein gegen etwas Übermächtiges kämpft, sondern sich gemeinsam an die Probleme macht. Ein Gefühl, das den Zusammenhalt weit über die Krisensituation hinaus stärken kann. Übrigens auch ein Gefühl, das – man würde es sich wünschen – ganze Gesellschaften stärken kann. Wir im Kloster sprechen von Mitbrüdern, der französische Präsident Emmanuel Macron hat das in einer Neujahrsansprache einmal so formuliert: »Fraternité ist es, was uns zusammenhält.«

Wenn jeder seinen Teil beiträgt, um die Krise zu überstehen, hilft das aber nicht nur dem anderen oder dem größeren oder großen Ganzen, sondern auch dem Einzelnen selbst. Entscheidend in Umbrüchen und Krisen ist, dass wir aktiv bleiben. Dass wir nicht passiv der Situation ausgeliefert sind, uns herumgeworfen fühlen in den Stürmen des Lebens, sondern handeln, zugreifen, anpacken. Das ist psychologisch entscheidend. Und das bezieht sich nicht nur auf große Lösungen, sondern auch die vermeintlich kleinen im Alltag, der ganz neu und anders geworden ist. Wenn wir in einer Krise nur darauf warten, dass sie vorbeigeht, dann bestimmt die Krise die Geschwindigkeit unseres Lebens und uns. Sie narkotisiert uns, macht uns innerlich schläfrig und träge. Der heilige Benedikt hat das in den prägnanten Satz im 48. Kapitel seiner Regel gepackt: »Müßiggang ist der Seele Feind.«

Was generell im Leben gilt, mag jetzt noch wichtiger sein: Es tut dem Menschen nicht gut, wenn er nichts gut tut. Wenn er nur konsumiert und untätig ist. Wir sollen uns nicht über Leistung definieren, doch etwas zu leisten, gehört zum Menschen dazu. Die »Leistungsgesellschaft« ist heute negativ konnotiert, fast ein Schimpfwort. Doch Leistungsfähigkeit gehört zum Menschen. Ich erlebe in der Schule die Schüler, die sich fordern lassen, sei es im Sport oder in der Musik, die sich auch als Menschen weiterentwickeln. Sie lernen Widerstände auszuhalten, sich nicht hängen zu lassen, zumindest nicht dauerhaft, sie spüren ihren Talenten nach. Jetzt können wir viele Möglichkeiten finden, aktiv zu sein, zu gestalten, gerade weil so viel eingeschränkt ist. Wenn junge Menschen Einkäufe für ältere erledigen, Lehrer freiwillige Nachhilfestunden per E-Mail oder Videokonferenz geben, Kirchengemeinden Telefondienste anbieten, dann ist das die Aktivität, das Anpacken und Leisten, das uns angesichts der Krise gegen die Lähmung der Untätigkeit wappnet.

Die Untätigkeit und die Langeweile sind Gefahren, die durch das Einschränken unserer gewöhnlichen Rituale und Gewohnheiten in unseren Wohnungen und Häusern lauern. Neben den beschriebenen Möglichkeiten kennen wir alle eine weitere, die allerdings deutlich erschwert werden könnte: Sport. Oder weiter gefasst: körperliche Betätigung, körperliche Bewegung. Wir brauchen Bewegung, aus physischen Gründen, aber auch aus psychischen. Inwieweit das in der freien Natur möglich ist, muss nach den aktuellen Umständen und dem eigenen Befinden beurteilt werden. Doch selbst wenn wir zu Hause bleiben müssen, können wir uns bewegen, körperlich betätigen. Einfache Gymnastik-Übungen, Treppensteigen, Heimwerkeln im Keller, die Terrasse neu bepflanzen, die Rudermaschine nutzen ... es gibt viele Möglichkeiten und sicher noch deutlich kreativere, als ich hier aufgezählt habe.

Ich liebe das Bergwandern, bereits seit meiner Jugend faszinieren mich die Berge. Mit meinem Vater sind wir bereits als Kinder in die Berge gegangen und bis heute wandere ich, allein, und fast jedes Jahr mit meinen Geschwistern. Aufbrechen und Ankommen, der Aufstieg und Abstieg, Gipfel und Tal, das sind wunderbare Bilder für das menschliche Leben, die mich inspirieren. Vor allem aber ist auch das Wandern selbst für mich eine wunderbare Erfahrung von innerlichem Einklang und dem Einklang mit der äußeren Natur. Ich stehe damit in guter Tradition, wir Ordensleute legen großen Wert auf die Balance zwischen geistiger Tätigkeit und körperlicher Bewegung, damit wir insgesamt in Balance sind. Wie wir uns dagegen fühlen, wenn wir körperlich nicht ausgelastet sind, wenn vor allem Kinder buchstäblich nicht wissen, wohin mit ihrer Energie, dann wandelt sich diese eigentlich positive Energie in negative, sie belastet uns und wir lassen sie raus – oder aus, an anderen oder an uns selbst. Besser, die positive Energie positiv zu nutzen: körperlich und geistig und mit einer besonderen Portion Kreativität.

Aus dem Rhythmus gebracht: Die Stunde der Rituale

Es gibt immer wieder Zeiten und Momente in unserem Leben, in denen wir sprichwörtlich aus der Bahn geworfen werden, aus unserer Lebens-Fahrspur geraten sind. Normalerweise ist unser Alltag heute so durchgetaktet, dass wenig Raum für Überraschungen bleibt. Wir sprechen davon, dass jemand »gut durchstrukturiert« ist, also gut organisiert. Wie strukturiert – und dabei oft fremdbestimmt – wir eigentlich wirklich leben, spüren wir vor allem dann, wenn das Leben plötzlich nicht mehr strukturiert und geordnet ist. Genau das erleben jetzt Millionen Menschen. All das, was dem Alltag vorher Struktur und Form gegeben hat, bricht weg. Die Menschen, die wir vorher getroffen haben, können wir nicht mehr treffen. Die Orte, die uns Kraft und Freude gaben, können wir nicht mehr besuchen. Die Unternehmungen, die wir vorher voller Neugierde und Elan angegangen sind, die Hobbys, die uns Spaß gemacht haben, sind erst einmal eingefroren. Vieles, was unserem Leben Rhythmus gibt, steht still. Und wenn wir aus unserem Rhythmus sind, werden wir unruhig und friedliches Zusammenleben zu Hause wird unmöglich. Wenn also diese Lebens-Strukturen wegbrechen, merken wir auf einmal, wie wichtig Strukturen für uns sind. Wir brauchen in unserem Alltag Geländer, an denen wir uns orientieren und festhalten können, die uns Sicherheit geben und Halt. Ganz besonders brauchen wir solch ein Geländer jetzt – wir brauchen neue Rituale.

Das Wort Ritus oder Ritual kommt aus dem Griechischen, es kommt von »arithmos«, was im Deutschen »Zahl« bedeutet. Ritual ist also das Abgezählte. Die indische Wurzel wiederum »rtáh« drückt eine andere wichtige Dimension aus, es bedeutet so viel wie: »angemessen, stimmig«. Rituale vollziehen also etwas, das dem Menschen und seinem Lebensrhythmus angemessen ist, das recht und richtig für ihn ist. Das ist wichtig: Denn die Suche nach Ritualen soll nicht zu einem Leistungsdruck ausarten. In einer Stresssituation, in der viele sich befinden könnten, wäre gerade das kontraproduktiv. Es geht darum, in Freiheit seine eigenen Rituale zu finden, die zu einem passen, die stimmig sind für den Charakter, die Lebensumstände oder auch die

Ziele. Nicht jedes Ritual ist für jeden geeignet. Nehmen Sie sich ruhig die Freiheit, ein Ritual anders zu gestalten, damit es für Sie stimmig ist. Auch die konkreten Vorschläge hier sollen inspirieren, um selbst die Rituale zu finden, die zu Ihnen, Ihrem Umfeld und Ihrer Situation passen.

Rituale, so könnte man es auch bildlich ausdrücken, sind Geländer für die Seele. In Zeiten, in denen wir unsere Gewohnheiten verlieren, in Zeiten wie jetzt, aber auch generell in Umbruchzeiten, sind Gewohnheiten enorm wichtig. Sie strukturieren unser Leben im Ganzen und unseren Tagesablauf im Kleinen. Es geht um Alltagsrituale, um Rituale in der Arbeit und der Beziehung, im Sport und bei der Freizeit – gerade dann, wenn alles im Umbruch ist und wir geliebten Gewohnheiten nicht nachgehen können. Das Wunderbare ist, dass wir in all den Lebensbereichen, die trotz Quarantäne oder Isolation weiter Bedeutung haben, die wichtig für unsere Gesundheit und Zufriedenheit sind, neue Rituale erfinden können. Das kann neue Kreativität wecken, das kann ungeahnte Potenziale in uns aufschließen. Neue Rituale können auch neue Saiten in uns zum Klingen und Schwingen bringen.

In einem anderen Buch habe ich es einmal so formuliert: »Rituale öffnen den Himmel über unserem

Leben.« Damit meine ich, dass Rituale einerseits Gewohnheiten sind, die unserem Alltag Struktur geben, die aber andererseits auch mehr sind als Routineverhalten. Viele Rituale haben von ihrem Ursprung her eine religiöse Wurzel, sie wollen den Himmel über unserem Leben öffnen. Sie zeigen, dass unsere tiefste Sehnsucht dahin strebt, diese Welt zu übersteigen auf das Geheimnis Gottes hin. Rituale bringen mitten im Alltag den Himmel auf die Erde.

Rituale, das meine ich mit diesem Bild, sind einerseits mehr als nur Routine und können uns eine innerliche Weite geben, uns erfüllen, weil wir uns auf etwas anderes ausrichten. Zugleich sind sie auch »Erde«, also sehr konkret und alltagstauglich.

Für Familien beispielsweise geben vor allem Schule und Arbeit die Struktur eines Tages vor. Aufstehen, frühstücken und eine Brotzeit für die Pause einpacken, zur Schule fahren. Unterricht, Hausaufgabenzeit, dann vielleicht Fußballtraining, Klavierunterricht oder Theaterkurs. Am Abend kommen die Eltern heim, vielleicht ein gemeinsames Abendessen, oft aber auch nicht, Hobbys pflegen, vor allem dann, wenn der Vater oder die Mutter noch bis spät in die Nacht im Büro ist. Vieles davon ist jetzt anders. Eigentlich müsste man ja gar nicht mehr aufstehen und könnte bis spät aufblei-

ben. Hausaufgaben gibt es, aber keine festen Unter-
richtszeiten, die mit ihren 45 Minuten selbst ein sehr
strukturierendes Element sind. Theoretisch könnte
man auch den Pyjama oder Jogginganzug den gesamten Tag über tragen, sieht doch keiner. Doch dadurch
verliert der Tag seine Griffigkeit. Die Zeit rinnt uns
durch unsere Hände, wir haben keine Anhaltspunkte
mehr. Solche Tage können auch einmal schön und er-
holsam sein. Aber nur ab und zu. Wird plötzlich die gesamte Woche, der ganze Monat zu einem formlosen
Zeitbrei, wird das Leben geschmacklos und schal. Wir
langweilen uns, haben keine Orientierung, fühlen uns
noch mehr den Ereignissen draußen ausgeliefert.

Punkte und Zeiten, die unseren Tag strukturieren, zusammen mit Ritualen verhindern dagegen genau das.
Vielleicht stehen die Kinder nicht um halb sieben oder
sieben am Morgen auf, sondern erst um acht. Aber
es wichtig, dass sie einen Morgen erleben, den Tag in
mehreren Phasen, um ihn bewusst zu erleben. Wie
das Jahr und das Leben hat auch jeder einzelne Tag
Phasen und Abschnitte und die lassen ihn uns unterschiedlich erfahren, erleben, erfühlen. Alles zu seiner
Zeit, das gilt insgesamt, und besonders jetzt. Das ist
positiv, denn wir merken plötzlich: Jetzt ist eine Zeit,
in der wir Dinge tun können, die vorher keinen Platz
in unserem Alltag hatten, oder vermeintlich keinen

Platz hatten. Die Zeit, die wir normalerweise im Bus zur Schule oder im Stau zur Arbeit verbringen, kann auch ihren Wert und Zauber haben: Radiohören, Kartenspielen mit Schulkameraden, die Stadt beim Erwachen betrachten. Dafür ist jetzt keine Zeit – aber dafür für etwas anderes. Sport machen vor dem Frühstück, weil man den Weg zur Arbeit oder Schule spart, und trotzdem dann ans Werk geht. Eine halbe Stunde im Bett noch lesen oder Podcast hören, herrlich. Nach den Hausaufgaben und vor dem Essen etwas spielen gemeinsam als Familie oder mit dem Partner, wenn normalerweise noch andere Aufgaben anstehen. Wir können uns vornehmen, jeden Tag um elf am Vormittag eine Person anzurufen, die wir schon lange nicht mehr gesprochen haben. Das alles schafft Struktur und gibt dem Tag Form – Formlosigkeit dagegen tut besonders jungen Menschen nicht gut.

Es gibt natürlich zahlreiche religiöse Rituale, die gerade jetzt wirken können. Rituale können entschleunigen und dabei helfen, uns selbst und die Wirklichkeit bewusster und achtsamer wahrzunehmen. In der Hektik des Alltags tut das unglaublich gut – doch auch in der Langsamkeit des Ausnahmezustands ist es besonders wichtig. Denn viele von uns werden zwar äußerlich langsamer werden, weil wir weniger unterwegs sind. Innerlich aber besteht die Gefahr, von Katastrophenmeldung zu Katastrophenmeldung zu springen, die Atemlosigkeit der Krise zur eigenen Kurzatmigkeit werden zu lassen. Sich jetzt zum Beispiel jeden Tag zehn Minuten Zeit zu nehmen, um bewusst und langsam zu atmen, jeden Tag nur kurz, aber jeden Tag, das kann uns den langen Atem geben, den wir für Umbrüche und Krisen brauchen. Die Quarantäne können wir nutzen, um wieder einmal tief Luft zu holen; der Psychologe Heiko Ernst hat einmal gesagt: Im Ritual »kommt die Welt für eine Zeit lang zur Ruhe und wir in ihr«. Das ist, was wir Mönche »heilige Zeit« nennen, die uns an die Sabbatruhe erinnert. Die heilige Zeit kennt keinen Termindruck. Da herrscht nicht »chronos«, die gemessene Zeit, die Zeit des Taktstocks, die sich nach dem Chronometer richtet und die mich – nach dem antiken Mythos – verschlingen möchte. Heilig ist das, was der Welt entzogen ist, worüber die Welt keine Macht hat. Die heilige Zeit ist also die Zeit, die ganz uns gehört und die Gott gehört. Die Griechen sagen: Nur das Heilige vermag zu heilen. Die heilige Zeit ist daher immer auch eine heilsame Zeit. In der heiligen Zeit, da bin ich in der Ruhe und die Ruhe ist in mir. Da habe ich teil an der Sabbatruhe. Da kann ich mit Gott sagen: »Es ist alles gut.« Im Ritual komme ich mit mir in Berührung, komme ich in Einklang mit mir selbst. Da höre ich auf, mich zu bewerten. Rituale sind ein Moment der Gnade, ein »kairos«: angenehme Zeit, geschenkte

Zeit, die ich genießen und in vollen Zügen auskosten kann. Ohne dass wir Isolation oder Quarantäne bagatellisieren, denn die Konsequenzen sind deutlich und schwerwiegend. Doch begreifen wir diese Zeit weniger als »chronos«, sondern als »kairos«, so werden wir besser damit umgehen und sie in manchen Facetten gar als Bereicherung und Erfüllung erfahren.

Die festen Strukturen und Rituale, die jetzt so wichtig sind, können übrigens diese Ausnahmezeit auch überdauern. Sicher, vieles wird, wenn der Alltag wieder eingekehrt ist, das Leben wieder alltäglich wird, weniger »kairos« und wieder mehr »chronos«. Doch vielleicht finden wir eine Gewohnheit, ein Ritual, das wir gemeinsam mit anderen haben. So wichtig das individuelle Ritual ist, so wichtig ist auch das gemeinsame. Denn das Verknüpfen mit anderen Strukturen ist das, was Gemeinschaft stiftet, das Beziehung schenkt, das uns teilhaben lässt am Leben anderer. Rituale sind Beziehungsstifter – gerade jetzt, wo manche ganz allein zu Hause sitzen, sind solche Rituale besonders essenziell. Das kann das Wissen sein, gemeinsam im Gebet vereint zu sein. Aber auch ganz unreligiöse Rituale schaffen Beziehung und verscheuchen die Einsamkeit, die jetzt eine besondere Gefahr darstellt. Viele Singles müssen möglicherweise allein daheim sein, soziale Kontakte werden weniger, man fühlt sich der Welt und der Einsamkeit ausgeliefert. Was aber wäre, wenn wir jeden Abend wie die Italiener oder Spanier draußen auf den Terrassen und Balkonen singen oder rufen. Wir unterstützen die, denen diese Gesänge und Rufe gelten, zeigen ihnen, dass wir bei ihnen sind und ihnen danken. Zugleich stimmen wir ein in ein »weltliches Chorgebet«, das uns vereint und Gemeinsamkeit schafft. Oder wir verabreden uns mit Freunden für eine halbe Stunde zu einem Videospiel zusammen oder ein Gruppenchat: Die digitalen Möglichkeiten lassen das zu. Wobei wir das analoge Leben zu Hause deswegen gerade nicht vernachlässigen und uns in die Virtualität allein flüchten sollten. Wir können vor dem Abendessen wieder einmal beten. Oder auch nur immer abwechselnd aus unserem Buch vorlesen, um die anderen an dem, was uns bewegt, teilhaben zu lassen. Sich ein Tischthema heraussuchen, das nichts mit Corona oder Krise zu tun hat – oder auch andere interessante Themen für die Zeit danach. So öffnen uns Rituale für das, was uns bewegt, uns gegenüber und anderen gegenüber und lassen uns die Enge, die wir manchmal verspüren, überwinden. Und: Durch diese Gemeinsamkeiten kann Gemeinschaft entstehen und das ist für friedliches Zusammenleben zu Hause entscheidend.

Strukturen können innerlich sein und äußerlich, beide geben sie Form: Wir können uns einen konkreten Plan machen, wenn wir Familie haben, was unseren Morgen, unseren Vormittag, Nachmittag und unseren Abend strukturiert. Was sind Abläufe, die wir brauchen und die uns guttun? Wann stehen wir auf und wann gehen wir ins Bett? Beginnen wir den Tag mit einem Moment der Stille, einem Gebet, unserem Lieblingsmusikstück oder Gymnastik? Frühstücken wir gemeinsam oder jeder hastig vor dem Fernseher oder seinem Laptop? Treiben wir danach Sport, im Rahmen dessen, was möglich ist? Schreiben wir am Nachmittag etwas oder spielen vor dem Abendessen? Dabei sollten wir als Eltern auch auf die Jüngeren hören und umgekehrt. Der heilige Benedikt schreibt im dritten Kapitel seiner Regel dezidiert: »Sooft etwas Wichtiges im Kloster zu behandeln ist, soll der Abt die ganze Gemeinschaft zusammenrufen und selbst darlegen, worum es geht. Er soll den Rat der Brüder anhören und dann mit sich selbst zu Rate gehen. Was er für zuträglicher hält, das tue er. Dass aber alle zur Beratung zu rufen seien, haben wir deshalb gesagt, weil der Herr oft einem Jüngeren offenbart, was das Bessere ist.« Vielleicht entsteht so sogar eine neue »Beratungskultur« in unseren Beziehungen oder Familien, in der wir mehr auf das hören, was Kinder, Eltern, Partner oder Großeltern meinen, wünschen – oder auch fürchten. Entscheiden werden am Ende sicherlich meistens die Eltern. Doch wie Benedikt sagt: Der Herr offenbart oft einem Jüngeren, was das Bessere ist.

Solche Gewohnheiten, Rituale und Strukturen sind für das Zusammenleben in jeder Gemeinschaft hilfreich, weil sie der Gemeinschaft einen gemeinsamen Rhythmus geben. Der Mensch hat einen Biorhythmus und deshalb ist es sinnvoll zu überlegen, wann wir Sport machen, wann wir lesen, wann wir vielleicht eine Pause machen, besonders in Zeiten, die scheinbar komplett offen und unstrukturiert sind. C. G. Jung sagt, dass, wer im Rhythmus arbeitet, effektiver und nachhaltiger arbeiten kann, deshalb sollten wir unseren eigenen Rhythmus finden und ihn, wenn nötig, neu einüben. Zugleich aber gibt es auch einen Rhythmus der Gemeinschaft, bei dem alle Mitglieder gemeinsam sich einschwingen, der Abstimmung braucht, das Hören auf den anderen, das Spüren. Wer einen gemeinsamen Rhythmus hat, der ist in Harmonie, mit sich selbst und mit den anderen. Zusammenleben muss nicht immer harmonisch in einem kitschigen, übertriebenen Sinne sein, schon gar nicht jetzt. Doch ein Rhythmus, der verbindet, verhindert, dass alles in Einzelteile zerfällt und jeder nur für sich ein Einzeltakt ist.

Einen gemeinsamen Rhythmus aufzubauen, kann allerdings auch anstrengend sein. Und man sollte sich auch nicht überfordern. Wir müssen nicht auf einmal glauben, dass unsere Lebensgeschwindigkeiten in allen Situationen gleich sind. Der eine braucht etwas länger im Bad, die andere beim Aufstehen, mancher zelebriert das Kaffeetrinken – es gibt verschiedene Geschwindigkeiten und das ist gut so. Wir brauchen kein schlechtes Gewissen zu haben, wenn manche Rhythmen anders sind, solange Grundrhythmen vorhanden sind. Ein Beispiel: Jetzt könnte die Zeit sein, wieder gemeinsam eine echte Mahl-Zeit zu haben. Zusammen zu essen, dabei zu sprechen, sich zu unterhalten, nicht nur über das, was in der Arbeit war, weil vielleicht in der Arbeit gerade wenig los ist. Die Gespräche werden sich von vielem, was wir bislang immer im Zentrum wähnten, entfernen, einfach weil viele Gesprächsthemen sich ändern. Bei der Mahl-Zeit kann das bereichernd sein – zugleich müssen wir uns auch nicht zwingen, wenn wir merken, dass beispielsweise unsere Tempi nicht völlig gleich sind. Nicht, dass man den Teller herunterschlingt und sofort aufspringt, das nicht. Doch sich gewaltsam zu zwingen, wenn beispielsweise der Jüngste mal wieder länger braucht oder der Vater unbedingt Kaffee oder Käse als Dessert möchte – das ist nicht mit Leben im Einklang gemeint. Bei uns im Kloster gehört es dazu, dass wir versuchen, die Mahlzeit gemeinsam zu beschließen. Es kann sein, dass ältere Mitbrüder vielleicht langsamer essen, doch dann ist es gut, da zu sein, auch wenn ich Ungeduld verspüre. Ich muss mir vorher vornehmen, wie lange ich Zeit habe, um mich ganz darauf einzulassen. Doch es muss ein Mittelmaß sein, und zwar eines, das ich vorher verinnerlicht habe. Die ganze Zeit auf glühenden Kohlen zu sitzen oder irgendwann wutschnaubend aufzustehen, das bringt keinem etwas. Für sich eine Zeit zu definieren, die wir gemeinsam verbringen, und die ich genieße, das führt zu Stimmigkeit.

Der Rhythmus, der persönliche wie der einer Gemeinschaft, sollte immer mit Augenmaß und einem Gefühl für die Umgebung und Umstände betrachtet und gelebt werden. Es geht nicht um Beliebigkeit, manche Gewohnheiten muss man sich auch erst antrainieren. Doch man sollte auch nicht an Gewohnheiten festhalten, wenn sie das Leben behindern und den Rhythmus stören. Wir in unserem Kloster haben zum Beispiel lange darüber diskutiert, weil viele der Meinung waren, wir hätten am Morgen nach den Laudes zu wenig Zeit zur Meditation, zur stillen Meditation. Am Ende haben wir uns entschlossen, etwas später mit der Messe zu beginnen. Allerdings nicht, weil wir länger schlafen und später aufstehen wollten. Nein, wir stehen seitdem sogar fünf Minuten früher auf, um 4:35 Uhr am Morgen und beginnen um fünf Uhr mit dem Chorgebet. Auf diese Weise haben wir mehr Zeit vor der

Eucharistie für unsere Meditation. Wir haben bei unseren Beratungen und Diskussionen über diese Änderung der Struktur, die für uns Mönche keine nebensächliche ist, gemerkt, dass es dabei nicht nur um fünf Minuten früher oder später, um ein winziges Detail im Tagesablauf geht, sondern um die ganze Gemeinschaft. Wir konnten das nicht einfach ad hoc oder von oben entscheiden, weil es unsere einzelnen Rhythmen und die unseres Klosters betraf. Das zeigt: Die Strukturen und Rituale sind wichtig und wir müssen sie, sofern erforderlich, mit guten Gründen ändern, vor allem wenn wir in einer Gemeinschaft leben.

Rituale können uns in Umbrüchen und Krisen, besonders in einer globalisierten Zeit wie der unseren, in der wir erleben, ebenso wie Ereignisse, die Tausende von Kilometern entfernt von uns stattfinden und trotzdem unser Leben beeinflussen, noch etwas geben: das Gefühl, dass wir bei uns selbst sind. Dass wir unser Leben selbst leben. Dass unsere Rituale auch unsere sind. Denn es geht, wie vorher beschrieben, nicht darum, fremde Rituale einfach zu kopieren. Deshalb sind alle Vorschläge hier Vorschläge und Angebote, die hoffentlich inspirieren und anregen. Doch Rituale müssen wir zu unseren machen und erst dann sind sie Ausdruck unserer Identität. Dann fühle ich, dass ich selbst lebe und nicht gelebt werde. Und dann bin ich daheim bei mir selbst. Rituale sind Ausdruck der Form meines Lebens, der Form, die ich gewählt habe. Ich forme mein Leben und es zerrinnt nicht zwischen meinen Fingern. Ich entscheide selbst, wie dieses Leben »geformt« ist und lasse mich so selbst formen. Wenn wir gerade erleben, dass so viel fremdbestimmt ist, so wenig wir scheinbar ändern können, dann sind die Änderungen und Entscheidungen, die wir mit Ritualen treffen, die wir jeden Tag wieder bestätigen, ein wunderbarer Ausdruck dessen, dass wir unser Leben leben – und nicht das Leben anderer uns. Das gilt für jeden Einzelnen. Das gilt aber auch für uns als Mönchsgemeinschaft, als Partner, als Familie. Rituale geben uns Form – und halten uns in Form.

Alte und neue Ziele: Das uralte Mittel gegen Trägheit und Traurigkeit

Die Berge sind für mich nicht nur ein Ort, um mich in »Form« zu halten. Sie sind auch, wie bereits erwähnt, Sinnbild des menschlichen Lebens in all seinen Facetten. Ein Begriff aus der Welt der Berge und dem Alpinsport passt für eine der Hauptgefahren, die in einer Situation wie der unsrigen droht: der Lagerkoller.

Lagerkoller ist kein präziser Fachbegriff. Umgangssprachlich meint man damit Wutausbrüche, Panikattacken oder auch depressive Zustände. Der Begriff selbst bezieht sich auf das mittelhochdeutsche Wort *kolre*, darunter verstand man die oben geschilderten psychologischen Ausbrüche oder Erregungen. Sie können auftreten, wenn mehrere Menschen in einer abgeschlossenen Umgebung, häufig plötzlich und unerwartet, eine längere Zeit sehr eng zusammenleben – die Ähnlichkeit zu der Situation, wie sie viele derzeit empfinden werden, ist ziemlich deutlich. Im »Bayerischen Rundfunk« erzählte Michael Zametzer in einer Glosse über das »Ende der Welt. Lagerkoller«, wie sich die Situation in der Familie verändert, besser: dramatisch verändert. Eine Glosse zwar, aber trotz allem Augenzwinkern mit einigen Körnern Wahrheit.

Dem Lagerkoller kann man auf verschiedene Weise vorbeugen. Zum Beispiel mit den Ratschlägen und Ideen, die ich in diesem Buch aufgrund meiner eigenen Erfahrung, unserem Leben als Mönche und der Benedikt-Regel oder auch der Bibel versucht habe, zu geben. Vom Lagerkoller allerdings, den speziell Bergsteiger erleiden, können wir nun etwas lernen, das uns im Alltag in der Krise enorm helfen könnte.

Viele Bergsteiger, die Lagerkoller kennen, schildern von ähnlichen Erfahrungen. Meistens sind es nicht so sehr die spektakulären und lebensbedrohlichen Situationen, zumindest vom äußeren Eindruck her. Sie befinden sich im Basislager oder auch einem anderen, völlig überraschend mussten sie durch einen Wetterumschwung oder Temperatursturz Halt machen. Sie haben Proviant, die Unterkunft hält warm und trocken, man kann sich mit den anderen unterhalten. Nur: Den Gipfel, auf dem sie schon längst sein wollten, sehen sie weiter nur aus der Ferne, wenn sie ihn denn sehen. Nebel und Wolken können sogar den Blick auf den Gipfel trüben, auch im übertragenen Sinne. Man sitzt unten, über einem das Ziel und der Traum, und um einen herum wird es immer enger. In dem Maße, in dem die Enttäuschung wächst, wachsen auch der Frust und der Lagerkoller. All das, was man sich erhofft hat, worauf man hingearbeitet und gespart hat, war doch so nah – und ist jetzt plötzlich scheinbar so weit weg.

Der Lagerkoller drückt sich aus in Aggressivität, Empfindlichkeit, Gereiztheit, Unzufriedenheit, und ja, in Ziellosigkeit. Man schimpft nur rum, aber man weiß nicht, was man will. Weil das Ziel, das man so lange oder so sehr oder beides zusammen verfolgt hat, sich in Luft aufgelöst hat, entweder eine verblassende Erinnerung ist und Leere hinterlässt oder ein zunehmend aufgeladener Traum, der alles überstrahlt und komplett ausfüllt. Der Effekt ist bei beiden Ausprăgungen gleich: Lähmung und Ziellosigkeit.

In dieser Situation hilft erst einmal eines: sie zu akzeptieren. Zu akzeptieren, dass der Traum möglicherweise geplatzt ist, zumindest vorerst geplatzt ist. So geht es vielen in Krisen, jetzt in der Quarantäne auch. Gerade platzen zahlreiche Träume, kleine und große, aber es sind Träume: Urlaube, die man lange geplant hatte. Der neue Job, für den man so viel investiert hat. Das Treffen mit jemanden, den man jahrelang nicht mehr gesehen hat. Diese Träume waren gerade zum Greifen nahe und es ist völlig ungewiss, ob wir sie noch einmal realisieren können. Stattdessen sitzt man zu Hause, ist auf den Alltag geworfen, und in dem Maße, in dem der Alltag und die Kleinigkeiten immer banaler, schaler und langweilig-nervender werden, werden die Träume und Ziele größer, schillernder, verlockender – ein Teufelskreislauf.

Aus diesem Kreislauf kann man nur ausbrechen, wenn man zuerst die Situation akzeptiert. Das bedeutet noch nicht, dass man den Traum aufgibt. Aber man akzeptiert, dass er jetzt nicht wahr wird. Das darf, das sollte man sogar betrauern. Wenn ich die Nichterfüllung meines Traumes betrauere, kann ich Ja sagen zu der Situation, in der ich bin. Betrauern heißt: durch den Schmerz der Nichterfüllung hindurchgehen und in den Grund meiner Seele gelangen. Dort bin ich ganz ich selbst. Dort sage ich Ja zu mir und zu meiner Situation, in der ich jetzt bin. Viele betrauern aber nicht, sondern trauern dem nicht gelebten Traum nach. Das Nachtrauern entzieht mir alle meine Energie. Da bin ich nur in der Vergangenheit, aber nicht in der Gegenwart.

Wir müssen nicht so tun, als wäre der geplatzte Traum völlig in Ordnung. Wir müssen nicht den Strahlemann geben, bis wir irgendwann in Depression verfallen oder niemanden mehr sehen wollen, anderen sogar die Schuld geben. Wir dürfen bei Fehlschlägen und in Krisen trauern, dass etwas nicht wahr geworden ist. Zulassen, dass es wehtut, und dieses Akzeptieren und Zulassen ausdrücken, im Gespräch, in einem Tagebuch, einem Lied, im Gebet. Dann aber sollten wir auch überlegen, wie wir uns definieren. Nur vom Erreichen dieses Traumes her? Sind wir weniger wert, weil wir das Ziel nicht erfüllt haben?

Die Frage, was uns definiert, ist eine grundlegende Frage nach Identität. Leite ich sie nur von dem geplatzten Ziel her ab? Oder von der Arbeit, von meiner Rolle als Chef, von meinen Freunden her? Wenn ich das tue, kann mich ein Jobverlust oder eine Situation wie jetzt, in der ich plötzlich zu Hause bin und nicht mehr Chefin, sondern Partner oder Mutter, aus dem Rhythmus bringen. Denn auf einmal bin ich geworfen auf eine Facette meiner Identität, die ich vielleicht nicht mehr so wahr- und sogar nicht mehr so ernst genommen habe. Reicht mir das? Erfüllt mich das? Oder löst das existenziellen Lagerkoller in mir aus? Das sind Fragen, die wir in Krisen stellen sollten, wollen wir wieder Gipfel in den Blick nehmen. Auch wenn sie schwerfallen, besonders angesichts solcher dramatischen Situationen wie jetzt.

Wenn ich Menschen begleite, die in einer Krise stecken, höre ich zu und versuche herauszufinden, welche Identität sie verspüren. Ich versuche ihnen zu helfen, die Enttäuschung und den Schmerz zu akzeptieren, mit ihm umzugehen, ihn zu betrauern. Wenn sie über die eigene Bitterkeit sprechen und sich dabei ernst genommen fühlen, wandelt sich schon die Verbitterung. Und sie finden etwas Abstand zum Kreisen um den eigenen Schmerz. Dann versuche ich, das Selbstmitleid der Menschen in echtes Betrauern zu verwandeln. Im Selbstmitleid kreise ich nur um mich selbst und bedaure mich. Im Betrauern nehme ich Abschied von der Vergangenheit und wende mich der Gegenwart und Zukunft zu. Und dann vermittle ich den Menschen: »Ja, das ist schwer, was Sie alles erleben mussten. Aber welche Spur möchten Sie jetzt in die Welt eingraben? Sollte es eine Spur der Bitterkeit und der Resignation sein? Oder möchten Sie eine Spur von Milde und Barmherzigkeit, eine Spur von Hoffnung und Zuversicht in diese Welt eingraben? Das, was Sie erlebt haben, war schmerzlich. Aber es macht Sie auch kostbar und einmalig. Wenn Sie sich damit aussöhnen, dann wird Ihr Leben für viele wertvoll und ein Segen.« Es gelingt mir nicht immer, die Sichtweise der Menschen zu verwandeln. Aber wenn es gelingt, dann spüre ich: das war ein gutes Gespräch. Der Gesprächspartner kreist jetzt nicht mehr um sich selbst und um die Trübsal, in der er gefangen war. Er bekommt neue Lust, eine gute Spur ins Leben einzugraben. Und er ist bereit, zu einem anderen Gipfel aufzubrechen, nicht mehr zu dem, der ihm nicht mehr möglich ist, sondern zu einem andern Gipfel, der ihn jetzt zu reizen beginnt.

Um aufzubrechen, braucht es einen neuen Gipfel. Wir brauchen ein neues Ziel. Im Lager hat man erst einmal kein Ziel mehr, kein äußeres realistisches zumindest. Das erleben wir auch in der Quarantäne oder anderen Formen von Abgeschiedenheit: Die äußeren Ziele sind weg oder unerreichbar. Wir sind im Lager und können nicht raus. Und dieses äußerliche Nicht-raus- und Nicht-weiter-Können verwandelt sich in ein inneres Nicht-raus- und Nicht-weiter-Können, in tiefe Ziellosigkeit. Wir lassen dann zu, dass der Lagerkoller uns endgültig einsperrt, uns unsere Freiheit nimmt, uns für immer am Fuß des Gipfels zum Zuschauer unseres Lebens macht.

Der Lagerkoller dort, wo wir zu Hause sind, muss nicht so dramatisch sein. Doch es gibt ihn, in unterschiedlichen Stufen. Um ihm vorzubeugen, sollten wir neue Ziele finden. Konkrete, für die Situation jetzt. Aber auch etwas weiter entfernte, die wir langsam beginnen ins Auge zu fassen. Eine Mischung aus Zielen, die wir schnell erreichen können, und solchen, die weiter in der Zukunft liegen. Wir können so kurzfristige Motivation und Bestätigung kombinieren und ergänzen mit dem Ausrichten auf die Ferne, die Offenheit der Zukunft. Eine Familie könnte sich am Sonntag zum Brainstorming zusammensetzen und überlegen, welches Wochenziel sie hat: einen bestimmten Film, den man wieder und wieder aufgeschoben hat, angucken. Eine halbe Stunde pro Tag Englisch sprechen und sich erzählen, was man in der nächsten Zeit vor hat. Zusammen Gerichte kochen, die irgendwann im Urlaub gegessen wurden und schon lange auf der To-do-Liste standen. Eine WG könnte die Rumpelkammer ausräumen, um die Tischtennisplatte aufzustellen – und eine neue Freizeitbeschäftigung zu haben, perfekt für die Situation. Oder der Alleinstehende, der sein geliebtes Aquarium gründlich reinigt oder den Online-Kurs beendet, den er oder sie schon lange begonnen hat. Ziele können sehr unterschiedlich sein; entscheidend ist nur, dass sie Verbindlichkeit haben. Absichtserklärungen sind keine Zielsetzungen, Luftschlösser keine Gipfel, die man erklimmen kann.

Langfristigere Ziele und Pläne, die man gemeinsam schmiedet, lassen uns für Momente die Gegenwart vergessen. Nicht, dass wir unvorsichtig oder naiv werden, unempathisch und unsolidarisch für uns und unsere Umwelt. Sich Ziele zu setzen, ist das Gegenteil von einem Flüchten in eine Parallelrealität, weil echte Ziele realistisch sein sollen. Bei den ferneren, langfristigeren spüren wir jedoch eine andere Dynamik, ein Ausgerichtetsein darauf, dass es weitergehen wird, durch und nach der Krise. Das gilt für alle Lebensbereiche: So wie jetzt Politik ad hoc und für den Notfall situativ reagieren muss, so muss ich auch mit Blick auf die Zukunft und die Zeit nach der Krise agieren. Das Gleiche gilt für uns in Umbrüchen: Wir müssen ganz darin sein, sie durchleben, anpacken und Dinge konkret verändern. Wir dürfen aber auch nicht in der »Tagespolitik« und den Nachrichten versinken und alles andere vergessen. Um das Bergsteigen als Metapher zu verwenden: Wenn ich Schritt für Schritt gehe, wenn ich mir kleine Zwischenziele setze, erreiche ich den Gipfel. Doch brauche ich auch den Blick zum Gipfel und die Vorstellung der herrlichen Aussicht, um mich zu motivieren oder auch die, die mit mir wandern. Wir müssen die Krise jetzt entschlossen bewältigen. Und dürfen dabei, und das ist die Kunst, den Gipfel nach diesem tiefen Tal nicht komplett aus den Augen verlieren.

In meinem Buch »Von Gipfeln und Tälern des Lebens« habe ich etwas geschrieben, was an dieser Stelle sehr gut passt: »Was ich als Jugendlicher instinktiv spürte, das habe ich später bei Viktor E. Frankl, dem Wiener Psychotherapeuten und begeisterten Alpinisten, nachgelesen. Er hat in einem Vortrag einmal gesagt, der Alpinist ›konkurriert und rivalisiert nur mit einem, und das ist er selbst. Er verlangt etwas von sich, er fordert etwas von sich.‹ Er spricht weiter davon, dass der Mensch die innere Spannung braucht, zwischen sich und einem Ziel, das er sich setzt. Wenn wir uns beim Bergsteigen ein Ziel setzen, so erzeugen wir eine gesunde Spannung in uns, die uns guttut. Wenn wir uns permanent unterfordern, zieht oftmals das Gefühl der Sinnlosigkeit in unser Leben ein. Ziellosigkeit verhindert, dass wir die Kräfte wirklich entfalten können, die in uns stecken. Allerdings muss das Ziel angemessen gesetzt werden. Wenn wir uns zu hohe Ziele setzen, überfordern wir uns. Wenn wir uns jedoch nichts zutrauen, verliert die Lebensreise an Kraft. Das Ziel verleiht unserem Wandern eine innere Dynamik, die uns guttut.«

Diese innere Dynamik kann uns helfen, den äußeren Stillstand zu ertragen und sogar zu nutzen, um ihn zu durchbrechen. Das schließt nicht aus, dass wir ein Ziel mal nicht erreichen. Wir haben vielleicht nicht die richtige Ausrüstung dabei, vertreten uns den Fuß, haben einen Kompagnon, der einen Sonnenstich bekommt – oder eben wieder das Wetter. An Zielen zu scheitern, gehört dazu. Es müssen nur neue Ziele folgen. In der Quarantäne-Situation sind wie erwähnt die kurz- oder mittelfristigen Ziele essenziell, aber auch die langfristigen. Die innere Dynamik, die daraus entsteht, ist das beste Gegenmittel gegen ein Gift, das wir Acedia nennen, ein besonders schleichendes Gift.

Die Acedia wird von Johannes Cassianus als »Überdruss« oder »Angst des Herzens« bezeichnet. Andere wie der Kirchenlehrer Thomas von Aquin oder der Wüstenvater Evagrios beschreiben die Symptome der Acedia als Boshaftigkeit, Groll, Zorn, Verzweiflung oder auch Gleichgültigkeit. Der Philosophiehistoriker Wilhelm Schmidt-Biggemann beschreibt, wie die Acedia die Mönche »vergiftet«, wie sie »zerstreut sind, plötzlich anfangen, über ihre eigenen Dinge missmutig zu werden, schwermütig. Die Aufmerksamkeit der Seele zieht sich von ihrem Gegenstand, nämlich Gott, zurück und macht Gott unattraktiv. Die Kulte, die ausgeübt werden sollen, werden lustlos ausgeübt. Tonlos wird gesungen. Die Gebete sind fahrig. Die Arbeiten sind träge und nachlässig. Und der mönchische Gehorsam bröckelt.« Der Theologe Josef Pieper bringt es auf den Punkt, wenn er die Acedia als »Trägheit«, als »Haupt-Sünde« charakterisiert.

Für uns Mönche ist diese Trägheit die Wurzel einer Geisteshaltung, vor der uns unser Ordensgründer warnt. In der Benedikt-Regel wird mehrmals davor gewarnt, der Mönch solle nicht »traurig« werden – die Traurigkeit, die Trägheit des Herzens werden mit der Acedia in Verbindung gebracht. Sie ist die Unfähigkeit, im Augenblick zu sein; weder hat man Lust zum Arbeiten noch zum Beten; nicht zum Spielen und nicht einmal zum Nichtstun. Man ist allem und jedem und sich selbst überdrüssig, ekelt sich fast. Das bloße Berieselnlassen, die Alten nennen es »Zerstreuen«, hilft dagegen nicht. Im Gegenteil, gerade dort lauert für die Wüstenväter die Acedia, die sie als Dämon ansahen. Für uns heißt das: Sich nur passiv beschallen und berieseln zu lassen, nützt nicht. Nur aktiv können wir gegen die Trägheit ankommen – und dafür brauchen wir Ziele. Man könnte zugespitzt formulieren: Ein Ziel, das realistisch ist und das wir wirklich erreichen wollen, löst eine Dynamik in uns aus, die keinen Raum lässt für die Traurigkeit des Herzens – eine Dynamik, die die Trägheit des Herzens wegreißt und neue Wege öffnet.

Diese Trägheit kann manchmal auch von einer Gemeinschaft, zumindest bis zu einem gewissen Grade, Besitz ergriffen haben. Ich kann mich an eine Situation erinnern, in der wir im Kloster auch weder vor noch zurück kamen. Ich engagierte mich damals in der Jugendarbeit und nach dem Silvesterkurs, an dem 400 Jugendliche teilgenommen hatten, ein großartiges Erlebnis, kamen wir zur Nachbesprechung zusammen.

Ich erinnere mich noch an die Stimmung, niederge-
schlagen und depressiv. Das sei viel zu viel, wir würden
das nicht mehr stemmen können, wir sollten einmal
Pause machen, sei das überhaupt notwendig und gä-
be es nicht Wichtigeres? Ich hörte zu, ich nahm die Ar-
gumente ernst, spürte aber auch, dass diese Ziellosigkeit nicht meine war. Und ich sagte: »Gut, ich verstehe
euch. Aber ich werde nächstes Jahr wieder diesen Kurs
machen und ich lade jeden ein, der will, mitzumachen.«
Ich wollte mich nicht anstecken lassen von diesem »Lagerkoller«, der direkt auf einen Gipfel gefolgt war, und
hoffte, andere für das neue Ziel zu begeistern. Und alle
machten im nächsten Jahr wieder mit.

Der Vergleich mit der kollektiven Acedia ist sicherlich
etwas überspitzt. Ich will damit nur ausdrücken, dass
wir in einer Quarantäne-Situation wie der unsrigen,
uns vor der Acedia in Acht nehmen müssen. Stemmen
wir uns gegen die Trägheit, die auf uns wirkt, und stärken wir unsere innere Dynamik. Und seien wir achtsam dafür, ob die, die mit uns zusammenleben, von
dieser Trägheit ergriffen werden. Stecken wir uns mit
ihnen Ziele! Holen wir sie raus aus dieser Traurigkeit
des Herzens – auch das kann übrigens ein Ziel sein, ein
sehr starkes und wichtiges.

Nischen, Frei-Räume und die Frage: Bin ich bei mir daheim?

Viele kennen diese Situation, haben sie erlebt auch weit vor Quarantäne und Notfallplänen, nur meistens nicht so drastisch: im Urlaub zum Beispiel, wenn es draußen regnet, man in einer kleinen Ferienwohnung sitzt und alles um einen herum scheinbar enger wird, die Wände gefühlt näherrücken – und auch die Freunde oder Familienmitglieder. Wir sagen ja nicht umsonst, man würde jemandem »auf die Pelle« rücken, also bis auf die Haut. Man bekommt den persönlichen Raum weggenommen, den unsichtbaren Schutzraum um sich selbst. Man hat das Gefühl, keinen Platz und keinen Raum mehr zu haben für sich. Man zieht sich zurück in sein Zimmer, doch schon bald wird auch das immer enger und bedrückender – wenn man überhaupt ein Zimmer hat. Es ist, als würde uns die Luft zum Atmen abgeschnürt, als hätten wir nichts mehr, wo wir einmal für uns sein können.

Das gilt nicht nur für Urlaube oder Fest- und Feiertage. Wir leben in einer Zeit, in der Wohnraum in vielen Gegenden immer knapper und teurer wird. Immer mehr Menschen ziehen vom Land und seinen Freiräumen in die Stadt mit ihrer Enge. Viele Menschen müssen sich am Stadtrand einrichten, in kleinen Wohnungen wohnen, sich platzmäßig auf das Nötigste beschränken. In Zukunft wird das in Ballungszentren sicher noch schwerer werden. Deshalb ist das, was man von einer Quarantänesituation lernen kann, wichtig, egal ob in verregneten Urlauben, nervenzehrenden Feiertagen oder immer öfter im Alltag.

Von außen betrachtet, haben wir Mönche es in unseren Klöstern besser. Diese großen und ausgreifenden Anlagen, bei uns in Münsterschwarzach zum Beispiel auch noch mitten in der Natur und der Idylle gelegen. Uns stehen Gemeinschaftsräume zur Verfügung, das Refektorium für das gemeinsame Essen, das Wort stammt vom lateinischen *refectio,* was so viel wie »Erholung« oder »Labung« bedeutet. Oder wir haben eine Klosterbibliothek und einen Klostergarten, auch das haben viele Menschen nicht. Andererseits stehen uns individuell nur wenige Quadratmeter zur Verfügung, wir haben nur wenig privaten Platz für uns allein. Wir leben in einer Zelle, das klingt für viele nach Unfreiheit und nach Gefängnis, nach etwas, aus dem man möglichst schnell ausbrechen soll. Tatsächlich aber ist die Zelle, und sei sie auch noch so klein, für uns unser ganz persönlicher Schutzraum. Wir lernen, auch auf wenigen Quadratmetern in Freiheit und Weite zu leben. Dabei geht es für uns nicht nur um den Abstand von einer Wand zur anderen Wand, sondern um die Öffnung nach oben, für uns auf Gott hin. Wer nur auf die Wände starrt, wird eine Zelle als klein und beengend empfinden. Wer dagegen diesen Raum zur Sammlung und Ausrichtung auf Gott begreift, wird ihn als Nische erleben, in der man ganz für sich ist.

Gerade in solchen Momenten, in denen wir äußerlich begrenzt werden, stellt sich uns unweigerlich die Frage: Was brauchen wir, um uns wohl zu fühlen in unseren vier Wänden? Was brauchen wir wirklich? Gerade jetzt lohnt es sich, mit wachen Sinnen und achtsam durch unsere Wohnungen oder Zimmer zu gehen und zu fragen: Fühle ich mich wohl hier? Was fehlt? Und, mindestens so wichtig: Was ist zu viel? Wir müssen uns fragen, wann und wo ist etwas »wohnlich« für uns, wo fühlen wir uns zu Hause und was brauchen wir? Ist das für uns ein Zuhause oder unser Zuhause, ist das

Heimat? Mehr noch: Kann ich zu Hause bei mir daheim sein? Kann ich überhaupt bei mir daheim sein?

Früher gab es in vielen Häusern einen Herrgottswinkel. Winkel, weil er meistens in einer Ecke eines Zimmers lag und von einem Kreuz gekennzeichnet wurde. Dort gab es oft eine Bibel, den Rosenkranz, eine Kerze, Ikonen oder Heiligenbildchen. Diese Traditionen gibt es heute immer weniger und das ist schade, denn: Wir alle brauchen solch einen Herrgottswinkel – für uns. Nicht nur zum Gebet, sondern als Platz, an den wir uns zurückziehen können, an dem wir bei uns sind, an dem uns keiner stört, an dem wir still werden. Ich selbst habe in meiner Zelle nicht viel und versuche, nur das Wichtigste zu behalten: Bett und Schreibtisch, ein Laptop, aber ohne Internet auf meinem Zimmer. Bücher, allerdings auch nicht mehr als unbedingt nötig. Und eine Ecke, die »meine Ecke« ist. Dort steht nicht viel mehr als ein Meditationshocker, eine Kerze, eine Christusikone. Doch diese Ecke ist immens wichtig. Ich habe mir, wenn man so will, innerhalb meiner Zelle noch einmal einen Raum geschaffen, einen Frei-Raum. Hier bete oder meditiere ich, hier werde ich still, hier bin ich ganz für mich oder im Gespräch mit Gott.

Solche Ecken kann und muss man sich unbedingt schaffen. Das kann ein eigenes Zimmer sein, wenn man die Möglichkeit und den Platz dazu hat. Das kann aber eben auch ein kleiner Hocker in einer Ecke sein, eine Bank auf der Terrasse, vielleicht sogar auch nur ein sonniges Fenster im Treppenhaus. Hauptsache, es ist »mein« Herrgottswinkel, mein Frei-Raum. Ich muss das Gefühl haben, mich dorthin begeben zu können, und in eine andere Realität einzutreten. Als würde ich die Enge, die mich manchmal bedrückt, verlassen und in einen Raum der Weite eintreten, der ganz mein und in dem ich ganz ich selber bin. Jeder von uns sollte sich, gerade in solchen Zeiten, so einen Frei-Raum schaffen. Überlegen wir, was uns guttut. Was brauchen wir, damit wir zur Ruhe kommen? Das kann ganz unterschiedlich sein: Der eine wird eine Kerze mögen, der andere einen weichen Teppich, der andere die Sonne durch das Fenster oder den Blick auf den Sternenhimmel. Es kann der Küchentisch sein, an den man sich morgens oder abends zurückzieht, lesend, meditierend, sich etwas gönnend. Suchen wir uns solch einen Ort – und haben wir dann auch den Mut, andere zu bitten, diesen Frei-Raum zu respektieren. In Partnerschaften, in der Familie, mit den Großeltern oder Kindern, für jede Form von menschlicher Gemeinschaft ist das essenziell und konkret umzusetzen.

Die Zelle ist für uns Mönche wirklich unser Schutzraum. Ursprünglich schrieb der heilige Benedikt in seiner Regel zwar im 22. Kapitel: »Jeder soll zum Schlafen ein eigenes Bett haben. Das Bettzeug erhalten die Brüder, wie es der Lebensweise von Mönchen entspricht und wie der Abt es ihnen zuteilt. Alle schlafen – wenn möglich – in einem Raum; lässt die große Zahl es aber nicht zu, ruhen sie zu zehn oder zwanzig mit den Älteren, die für sie verantwortlich sind.« Die Zellen als eigener Raum kamen erst später. Und doch formulierte bereits der Wüstenvater Johannes Cassianus den berühmten Satz: »Cella fecit monachum« – »Die Zelle formt den Mönch.« Heute liegen die Zellen in den Orden, die nach der Benediktsregel leben, in der Klausur. Sie sollen aber nicht nur vor Menschen, die nicht dem Kloster angehören, verschlossen sein. Die Zellen unserer Mitbrüder werden auch von uns im Regelfall nicht betreten. Man lädt nicht etwa zu einer Geburtstagsfeier »auf die Zelle« ein, wie man das vielleicht aus Internaten kennt oder ähnlichen Einrichtungen. Man kommt sich auch nicht einfach besuchen. Nein, die Zelle ist wirklich ganz für den einzelnen Mönch da, wirklich sein Privatraum. Dieses Gefühl, dass ich einen Platz habe, an dem ich sein darf und mein Refugium habe, ist etwas unglaublich Kostbares. Ich kann mich darauf verlassen, dass ich auch bei Streit oder Stress, wenn ich einmal nicht mit einem Mitbruder zurechtkomme oder andere Probleme habe, eine Zuflucht habe, im wahrsten Sinne des Wortes. Der große Kirchenschriftsteller Wilhelm von Saint-Thierry, zunächst Benediktinermönch und dann Zisterzienserabt, hat in seiner *Epistola aurea* ein Loblied auf die Zelle und ihre Bedeutung gesungen: Sie sei »heiliges Land« und »heiliger Boden«, die Zelle sei wie der »Himmel«. Nicht Isolation, sondern Frieden sei das, was die Zelle bedeute, so Wilhelm von Saint-Thierry.

Im Mittelalter kennt man den Satz »cella est coelum«. »Die Zelle ist der Himmel, in dem der Mönch mit Gott allein ist.« Doch die Mönche in der Wüste – die Wüstenväter aus dem 4. und 5. Jahrhundert – kennen auch die Herausforderung, in der Zelle zu bleiben. Manchmal wird es zu langweilig in der Zelle. Dann möchten die Mönche am liebsten unter die Leute gehen, sich zerstreuen. Doch dann geben die Altväter den Rat: »Bleib in deiner Zelle. Die Zelle wird dich alles lehren.« In der Zelle zu bleiben, bedeutet, bei mir selbst zu bleiben, mich auszuhalten. Doch ich kann meine Wahrheit nur aushalten, wenn ich das Gefühl habe: Alles in mir darf sein. Alles in mir ist von Gott angenommen. Nur wenn ich mich angenommen weiß, kann in mir etwas Neues wachsen, kann ich mehr in meine eigene ursprüngliche Gestalt hineinwachsen. Doch schon vor 350 Jahren meinte der französische Mathematiker Blaise Pascal, das Problem des modernen Menschen bestehe darin, dass keiner mehr allein in seinem Zimmer bleiben könne. Wenn ich mich aber vor Gott in meiner Zelle, in meiner Nische aushalte, dann wird die Nische zu einer »Zelle des Friedens«.

Für eine solche »Zelle des Friedens« braucht man kein Kloster, keine Klausur. Wir können sie überall finden. Suchen wir uns »Zellen«, damit wir unsere Zuflucht haben, in der wir Lärm, Stress oder Streit einfach aussperren können. Nicht für immer, wir Mönche müssen ja in der Gemeinschaft leben, können uns nicht für ewig ausgrenzen. Aber für eine gewisse Zeit, eine Ruhepause, eine Auszeit, ist das von enormer Wichtigkeit. Wir müssen uns dafür nicht schämen oder ein schlechtes Gewissen haben: Nur wenn wir auf uns achten, wenn wir uns innere Ruhepausen gönnen, einen privaten Ort zum Verweilen, können wir für die Herausforderungen draußen, für das Zusammenleben, das nun einmal auch anstrengend sein kann, gerüstet sein. Wer nie einmal allein und bei sich ist, kann auch nicht bei den anderen sein. Das ist eine Erkenntnis, die uns erleichtern und entlasten kann: Wir dürfen nicht nur, wir sollen uns zurückziehen, gerade in Ausnahmesituationen. Jeder Mensch braucht seine Nische und es ist gut, wenn er sie findet, sie für sich und seine Bedürfnisse einrichtet und sich dorthin von Zeit zu Zeit zurückzieht. Wir brauchen Nischenzeiten in unserem Leben.

Das Wissen, dass es völlig in Ordnung ist, sich seinen Frei-Raum zu suchen, kann unglaublich erleichternd und entlastend sein. Nutzen wir diese Krise als Chance, uns zu überlegen, ob wir in unseren Wohnungen oder Häusern, also ganz konkret, genügend solcher Nischen haben. Suchen wir uns Nischen! Das deutsche Wort »Nische« kommt vom Lateinischen »nidus«, das Nest bedeutet. Eine Nische ist ein Nest, in dem wir uns geborgen fühlen, so wie ein Vogel sein Nest hat, das ihm Schutz und Geborgenheit schenkt. Nutzen wir die Zeit, um zu überlegen, wie wir unsere Wohnung zu »unserer« machen. Dazu gehört auch, dass wir genau darauf achten, dass wir achtsam dafür sind, was uns möglicherweise stört oder belastet. Im Kloster kommen der Abt und der Prior in regelmäßigen Abständen, um die Zelle zu sehen. Es geht nicht um Misstrauen oder gar Neugierde, sondern darum, dass ein Außenstehender uns mögliche Fehlentwicklungen spiegelt. Denn auch in einem Kloster kann es zu einer gewissen Verwahrlosung kommen, die in der Zelle sich zeigt. Oder es gibt Hinweise darauf, dass vielleicht nicht alles, was wir in unserer Zelle angesammelt haben, wirklich essenziell ist. Denn auch das hilft uns konkret: Die Zelle, die Wohnung, unsere Zimmer können auch deshalb zu eng werden, weil wir sie vollstopfen. Eine solche Wohnung oder ein solches Zimmer kann nicht wohnlich sein. Es kann nicht genügend Frei-Raum bieten, sondern ist unweigerlich beengend. Vielleicht ist jetzt für die Chance Zeit, Frühjahrsputz zu machen! Ich selbst versuche zum Beispiel Bücher, die ich nicht unbedingt benötige und auch in der Bibliothek lesen kann, wegzugeben. Was ist mit Geschenken, die zwar gut gemeint, aber einfach zu viel sind?

Ich erlebe immer wieder Ehepaare, die sich nicht von Sachen trennen können, sich gegenseitig Vorhaltungen machen, der jeweils andere würde unnützes und überflüssiges Zeug aufheben – gerade wenn man plötzlich länger daheim und zusammen ist, mag das einem mehr auffallen und auf die Nerven gehen. Deshalb sollte man die Zeit zum Entrümpeln nützen. Sich gemeinsam hinsetzen und überlegen, wie man sich selbst in seinen Wohnungen eingeengt hat. Was brauchen wir eigentlich nicht mehr? Was können wir loswerden, was dürfen wir aussortieren? Was wiederum ist uns wichtig, was ist uns lieb und im wahrsten Sinne »teuer«? Setzen wir uns hin mit unseren WG-Partnern oder unseren Kindern und fragen einfach mal: Fühlen wir uns noch wohl hier? Ist das für uns als Familie ein »Heim«? Haben wir genug Raum und Luft zum Atmen hier?

So ein Gespräch kann sogar auf eine andere Ebene führen, wenn wir darüber nachdenken, wie wir unser Leben gemeinsam wohnlicher machen. Wenn wir Dinge »ausräumen«, auch im übertragenen Sinne. Wenn wir darüber sprechen: Haben wir uns möglicherweise nicht nur Nischen gebaut, die wichtig sind, sondern auch voreinander verbarrikadiert? Unsere eigene Ecke ist wichtig, aber kommen wir auch wieder heraus? Und wie wollen wir unsere Wohnung, unser Leben einrichten, dass es wohnlich bleibt, dass es für uns Zuhause ist und Heimat? In einer Situation, in der wir wie selten auf uns und unsere vier Wände geworfen sind, ist das eine große Chance, wenn wir sie ernst nehmen. Und fragen wir uns auch: Gibt es neben unserer Zelle, und das ist mindestens ebenso wichtig, »Refektorien« im übertragenen Sinne? Denn die Privatheit und Abgeschiedenheit der Zelle wird erfüllt und ergänzt vor dem Hintergrund der Gemeinsamkeit beim Chorgebet, bei der Tischlesung, bei der *Recreatio*. Haben wir auch dafür richtige Orte, an denen wir Partner oder Familie sein können? Haben wir uns so eingerichtet, dass wir auch schwierigere Zeiten überstehen, gemeinsam und für uns allein? Und nicht nur überstehen, sondern dass es uns gelingt, diese Frei-Räume neu für uns zu entdecken. Fragen wir uns und horchen in uns hinein, um herauszufinden, was unsere persönlichen Nischen sind – und wie wir sie so gestalten, dass sie auch für uns Orte des Friedens und der Zuflucht werden.

Balance halten:
Nähe und Distanz

Ich wurde und werde sehr häufig gefragt, wenn es um Fragen der Beziehung geht. Partnerschaftliche Beziehung, Beziehung in der Familie und auch Beziehung in größeren Gemeinschaften und Gruppen. Wesentlich für jede Beziehung ist das richtige Verhältnis von Nähe und Distanz. Diese Balance ist in einer Quarantäne-Situation besonders wichtig. Ohne das richtige Verhältnis von Nähe und Distanz kann friedliches Zusammenleben zu Hause nicht gelingen, es wird sehr schnell in Streit, Verletzungen und in der Isolation enden.

Wie nah Nähe ist und wie distanziert Distanz, ist individuell ausgeprägt. Der eine braucht grundsätzlich mehr Nähe und fragt sich ständig, wenn er den Partner oder auch Arbeitskollegen als »distanziert« erlebt, ob etwas schiefgegangen ist oder er etwas falsch gemacht hat. Es sind Gespräche, die in einem »Wir haben uns voneinander entfernt« gipfeln können, vielleicht auch zu Recht, wenn tatsächlich die Distanz zwischen zwei Menschen so groß geworden ist und die Nähe so klein. Andere wiederum sind vom Charakter und der Erziehung her distanzierter, ihnen kommt Nähe schnell zu einengend vor, sie empfinden das möglicherweise als übergriffig. Diese Empfindungen beziehen sich auf beide Ebenen, die physische und die psychische. Und es ist eine große Herausforderung und Kunst, solche unterschiedlichen Nähe-und-Distanz-Empfinden in einer Beziehung zum Gelingen zu bringen. Gelingt es aber, können gerade diese Unterschiede gegenseitig bereichern.

Das Herausfordernde in einer Situation der großen und vor allem ungewohnten zeitlichen wie räumlichen Nähe, die wir erleben, ist: Manchmal wissen wir gar nicht, ob wir nun mehr der Nähe-Typ oder die Distanz-Persönlichkeit sind, einfach weil es im normalen Leben sehr viele Möglichkeiten gibt, dieser Frage aus dem Weg zu gehen. Im Urlaub können wir unzählige Aktivitäten abfeiern, uns ständig mit Menschen umgeben oder auch einfach nur allein für uns am Strand liegen oder zum Radfahren gehen. Das gilt auch für den Alltag, der uns eine Vielzahl von Möglichkeiten bietet, abzulenken davon, was wir genau brauchen – und was unsere Beziehung, egal ob Partnerschaft, Familie oder WG, braucht. Und wenn die Balance gestört ist, finden wir viele Erklärungen dafür, dass es so ist. Und sei es, dass wir davon sprechen, der andere klammere oder schotte sich ab, ohne darüber zu reflektieren, wie wir selbst mit Nähe und Distanz umgehen.

Die Frage nach dem Verhältnis von Nähe und Distanz stellt sich jetzt radikaler und lauter, weil die Vielzahl der äußeren Möglichkeiten, nicht der inneren, stark eingeschränkt ist. Außerdem befinden wir uns in einer Stress-Situation, die zum Lagerkoller führen kann. Der Psychologe Michael Thiel erklärte einmal in der *BILD* dazu: »Der Dichte-Stress ist ein wichtiger Auslösefaktor. Wenn (fremde) Menschen über einen längeren Zeitraum auf engstem Raum zusammen sind, steigt deren Stresslevel. Enges Zusammenleben beschneidet die eigene Selbstbestimmung, die Freiheit, so zu leben, wie ich es will. Ich kann nicht wie gewohnt agieren und muss mich ständig mit dem Verhalten der anderen auseinandersetzen, ohne zur Ruhe zu kommen. Innerhalb dieser Situation ist es wichtig, sich einen mentalen Schutzraum zu schaffen.«

Michael Thiel spricht von »mentalen Schutzräumen«. Das Kapitel über unsere »Nischen« handelt vor allem von den physisch gegebenen Schutzräumen, unseren Rückzugsmöglichkeiten in der Wohnung oder dem Zimmer, die genauso bedeutsam sind dafür, dass wir uns nicht innerhalb kürzester Zeit ungeheuer auf den Wecker gehen. Die »mentalen Schutzräume« hängen natürlich oft mit den physisch gegebenen zusammen. Zu meditieren oder zu beten fällt den meisten Menschen leichter in einer entsprechenden Umgebung. Benedikt legt deshalb im 52. Kapitel seiner Regel fest: »Das Oratorium (der »Gebetsort«, Anm. d. Autors) sei, was sein Name besagt, Haus des Gebetes. Nichts anderes werde dort getan oder aufbewahrt. Nach dem Gottesdienst gehen alle in größter Stille hinaus und bezeugen Ehrfurcht vor Gott. So wird ein Bruder, der noch für sich allein beten möchte, nicht durch die Rücksichtslosigkeit eines anderen daran gehindert. Auch wenn sonst einer still für sich beten will, trete er einfach ein und bete, nicht mit lauter Stimme, sondern unter Tränen und mit wacher Aufmerksamkeit des Herzens. Wer sich nicht so verhalten will, darf nach dem Gottesdienst nicht im Oratorium zurückbleiben, damit, wie gesagt, ein anderer nicht gestört wird.« Das Oratorium ist in diesem Sinne ein besonderer Schutzraum, weil er anders als unsere Zelle nicht ausschließlich einem Mitbruder allein zur Verfügung steht, sondern allen. Aber jeder muss sich dort so verhalten, dass jeder andere allein sein kann.

Jeder Mensch benötigt einen Schutzraum, um sich zu entfalten. Diese Räume sind unverzichtbar, um die Balance von Nähe und Distanz zu halten. Dringe ich ständig in den Schutzraum des anderen ein, physisch wie psychisch, ist das übergriffig und achtet nicht die Grenzen, die jeder Mensch braucht und setzt. Lasse ich dagegen zu, dass mein Partner nur noch in seinem stillen Kämmerlein, im wortwörtlichen wie übertragenen Sinne, bleibt, verpasse ich möglicherweise die Chance, ihm bei etwas zu helfen. Plakativer ausgedrückt: Die Entscheidung, wann und ob ich an einer Schutzraum-Tür klopfen darf oder soll, ist kniffelig und hängt von unserer eigenen Persönlichkeit, vom Charakter und den Bedürfnissen des anderen und auch der Situation ab. Das gilt nicht nur in Partnerschaften, Freundschaften oder Verwandtschaften. Wir können uns auch daran orientieren, wenn wir uns vor Augen halten, was eine gute Nachbarschaft ausmacht. Gute Nachbarn sind, nach allgemeinem Dafürhalten zumindest, Parteien, die sich miteinander austauschen, nicht unbedingt befreundet sind, die durchaus Anteil nehmen und auch helfen, wenn es nötig ist. Zugleich haben sie ihr eigenes Leben, sind auch räumlich abgegrenzt und leben in erster Linie nicht miteinander, sondern nebeneinander, in einem ausbalancierten Sinne (natürlich existieren unterschiedliche Grade des Miteinander-Nebeneinander, hier nur etwas vereinfacht und in Abgrenzung zu den anderen Beziehungsarten ausgedrückt). Das Zusammenleben zu Hause muss intensiver sein, muss ein Miteinander und sollte kein Nebeneinander sein. Und doch sollten wir in dieser Situation der großen zeitlichen und räumlichen Nähe manchmal innerhalb unserer Wohnräume etwas mehr Nachbarn sein. In dem Sinne, dass wir uns es auch ermöglichen, mal nebeneinanderher zu leben, die Tür des anderen zu respektieren, nicht über den Gartenzaun zu blicken. Nachbar, das kommt von dem mittelalterlichen *nahgibur* und bezog sich auf den nächstwohnenden Bauern. Im Italienischen ist von *vicino* die Rede, was »nah« und »Nachbar« zugleich bedeuten kann. In der Bibel finden wir ein beeindruckendes Beispiel dafür, wie in einer Krise – zumindest vorübergehend – sogar ein naher Verwandter zum »Nachbar« werden kann. Die Geschichte handelt von Abraham und Lot, dem Neffen Abrahams. Abram, so wird er damals noch genannt, zieht zusammen mit seiner Familie und Lot vom Negeb bis nach Bet-El, in der Nähe Jerusalems. Abram und Lot haben ihre Hirten und Herden dabei und irgendwann kommt es zum Streit zwischen den Hirten. »Da sprach Abram zu Lot: Es soll kein Streit sein zwischen mir und dir, zwischen meinen Hirten und deinen Hirten; wir sind doch Brüder. Liegt nicht das ganze Land offen vor dir? Trenne dich also von mir. Willst du nach links, so gehe ich nach rechts; willst du nach rechts, so gehe ich nach links« (Gen 13,8–9)

Die beiden Brüder werden hier zu Nachbarn, weit entfernten, weil sie sich eingestehen, dass Distanz wichtig ist, um die brüderliche Nähe zu halten. Insofern ist das Prinzip der Nachbarschaft ein guter Impuls, um über Nähe und Distanz nachzudenken und praktisch damit umzugehen. Doch wie kann es uns gelingen, Nähe und Distanz auszubalancieren, wenn wir eben nicht ein »offenes Land« vor uns haben? Gibt es Grundprinzipien dafür, unverzichtbare Werkzeuge? Ja, zwei wesentliche: Reden und Schweigen. Das Gespräch und die Stille.

Stille als Schutzraum, das leuchtet intuitiv ein, deshalb möchte ich erst vom Reden sprechen. Viele Menschen werden noch nie oder ganz selten darüber gesprochen haben, wie sie Nähe und Distanz empfinden, was sie sich wünschen, ersehnen und brauchen. Das ist aber unverzichtbar für eine gute Beziehung und ein gelingendes Zusammenleben. Und dafür ist jetzt die Möglichkeit! Jetzt haben wir einen dramatischen äußeren Anlass, um genau diese Themen anzusprechen und anzupacken.

Sicher wäre es etwas merkwürdig, zumal mit Kindern, sich an einen Tisch zu setzen und zu fragen: Sagt mal, haben wir ein richtiges Verhältnis von Nähe und Distanz? Das wird nicht funktionieren. Funktionieren kann es dann, wenn wir achtsam darauf hören, wie sich unsere Gesprächspartner bestimmte Dinge und

Momente vorstellen, sie erklären lassen, nachfragen, unsere eigenen Wünsche vortragen. Sollte es schon gekracht haben oder gibt es massive Unterschiede, so muss das sicherlich klar angesprochen werden, nachdem man sich selbst überprüft hat. Doch in Tagen der Entschleunigung haben wir mehr Zeit, behutsam nachzuforschen, wie es um die Nähe-Distanz-Balance in unserer Beziehung oder Gemeinschaft bestellt ist – vielleicht ja auch mit der Erkenntnis, die unglaublich schön und tragend sein kann, dass wir in Balance sind. Dass das Verhältnis stimmt, wird uns ja oft nicht bewusst. Erst wenn es knirscht und kracht, werden wir auf ein Missverhältnis aufmerksam. Zu erleben, dass wir dagegen im Gleichgewicht sind und auch deshalb so gut durch das Leben und sogar Krisen kommen, diese Entdeckung ist etwas Wunderschönes und kann uns den Wert unserer Beziehung verdeutlichen. Wenn wir uns vergegenwärtigen und dem anderen mitteilen, dass es genau so passt, und er dies erwidert, ist genau das ein Ausdruck von Liebe oder von Harmonie.

Reden ist entscheidend, um Nähe und Distanz in ein richtiges Verhältnis zu rücken, und wir haben jetzt die Chance dazu. Nur, Reden allein reicht nicht. Es ist die Bedingung der Möglichkeit gelingenden Zusammenlebens, muss sich aber im Alltag beweisen. Und dazu gehört wesentlich der zweite Punkt, die Stille. Mehr noch: Zu viel reden zerstört die Balance von Nähe und Distanz.

Wenn ich hier von Stille spreche, dann meine ich die konkrete Stille, aber auch die Stille als Bild für den eigenen Frei-Raum, die Abgrenzung, das Alleinsein. Für uns Mönche ist die Stille, die konkrete und die im übertragenen, stellvertretenden Sinne verstandene, ein wesentliches Element unserer Spiritualität und unseres Zusammenlebens. Wir beginnen den Tag in Stille und wir beschließen ihn in Stille, nach der Komplet. Komplet bedeutet, dass etwas abgeschlossen wird, dass etwas komplett, rund wird. Und nachdem wir den Tag »gerundet« haben, begeben wir uns in die Stille. Ich zum Beispiel versuche, mich nicht zu zwingen, irgendetwas zu denken oder zu fühlen, sondern ich sitze erst einmal ganz still da. Die Hektik des Alltages oder die ständigen Krisen-Breaking News, die jede Stille »brechen«, sind außen vor. Ich sitze, bin ganz da, habe das Gefühl, dass ich vor Gott bin, und bin zugleich neugierig auf meine Gedanken. Ich forsche in mir, nehme wahr, bin achtsam und erlaube mir, alles zu fühlen. Ich muss nichts bringen, nichts leisten. Ein Experiment mit mir und mit Gott, das immer überrascht. Die Stille wird so zum reinen Sein, in dem ich alles Gott hinhalte, und in dem nichts bewertet wird.

Diese Form der Stille reinigt. In sie einzutauchen, bringt mich erst einmal in das richtige Verhältnis von Nähe und Distanz zu mir selbst. Wer bin ich, was denke ich, was fühle ich? Ich beobachte mich selbst und lerne mich in der Stille besser kennen. Ich habe eine gewisse Distanz, weil ich nicht sofort bewerte oder verurteile, und zugleich bin ich es, der nicht bewertet, bin ich es, der nicht verurteilt, bin ich es, der vor Gott steht. Diese Erfahrung, gerade dieses Nicht-Bewertens und Nicht-Verurteilens ist die Grundlage dafür, dass wir anderen Menschen mit dem richtigen Nähe-Distanz-Verhältnis begegnen. Wenn wir in einer Ausnahmesituation oder Krise sofort den anderen bewerten, nicht nach den Gründen fragen, sind wir möglicherweise im Urteil zu nah und in der Erforschung der Motive zu weit weg. Die Stille vor einem Krisengespräch ist deshalb enorm hilfreich, um konstruktiv damit umzugehen. Hier fallen Schweigen und Reden ineinander.

Die so erlebte Stille reinigt auch deshalb, weil sie der Frei-Raum ist, in dem ich ganz bei mir sein kann. Auf mich dringen nicht nur nicht die Einflüsse anderer Menschen ein, sondern gar keine. Wir dürfen uns selbst gegenüber still sein – und sind es dadurch automatisch auch den anderen gegenüber. Wer still ist, kann den anderen nicht stören. Das klingt banal, ist auch einfach, aber eben fundamental. Eine gemeinsame Zeit der Stille, in der jeder für sich seinen Frei-Raum erfährt und wir zugleich alle zusammen durch dieses Erleben des Frei-Raums verbunden sind, das kann eine große Kraft entfalten. Wir sind verbunden in der Stille – und auf diese Weise in einem Verhältnis von Nähe und Distanz, das wohltuend ist und stärkt für die Momente, in denen wir um die richtige Balance ringen müssen. Sei es um unsere eigene Balance oder um die in unserer Gemeinschaft.

Keine Angst vor Emotionen – oder: Wie ich mich und andere aushalte

In der Stille sind wir auf unsere Gefühle geworfen. Das kann eine überraschende, beglückende, aber auch schmerzhafte Erfahrung sein, wie wir bei Teilnehmern von Exerzitien zum Beispiel häufig beobachten. Sich mit diesen Gefühlen, mit unseren Emotionen auseinanderzusetzen, das ist das eine. Zunächst aber müssen wir grundsätzlich im Leben, und dafür ist die Stille ein wunderbar geeigneter Ort, die Emotionen zulassen und erlauben. Wenn wir sie durchgehend unterdrücken, entfremden wir uns von uns selbst und von anderen.

Emotionen zuzulassen, bedeutet auch, das Risiko einzugehen, sich mit sich selbst auseinanderzusetzen. Das ist in den vorherigen Kapiteln schon immer wieder angeklungen und in der Tat in Krisen generell, und in der Quarantäne-Situation besonders, von hoher Bedeutung. Diese Auseinandersetzung können wir uns ersparen, wir verwehren uns damit aber wesentliche Zugänge zum Wachsen und zum Werden des Menschen, der wir sein könnten. Stellen wir uns allerdings diesen Emotionen, so wird es darum gehen, uns selbst auszuhalten. Und wenn die Emotionen auf andere bezogen sind, auch diese auszuhalten, mit ganz konkreten Folgen.

Die Auseinandersetzung mit seinen Emotionen und mit sich selbst geschieht natürlich nicht nur in der Stille, sondern auch in der Begegnung mit den andern. Unsere Emotionen kochen ja immer wieder in den Gesprächen mit den Kindern oder dem Ehepartner hoch. Dann gilt es, sie bewusst anzuschauen. Jede Emotion hat auch einen Sinn. Wir sollten die Emotion befragen, was sie uns sagen möchte. Die Aggression möchte uns sagen, dass wir uns besser abgrenzen sollen. Wenn wir empfindlich reagieren, sollten wir uns fragen, auf welche alten Verletzungen uns unsere empfindlichen Stellen hinweisen. Gerade jetzt, unter dem Druck und dem Stress und anderen Einflüssen, werden starke und vielleicht auch ganz neue Emotionen in uns hochkommen. Emotionen, die uns vertraut sind, positiv wie negativ. Die uns überraschen, positiv wie negativ. Die uns antreiben, beruhigen, bestätigen. Und, das sicherlich auch: die uns beschämen.

In den vorangegangen Kapiteln habe ich versucht, konkrete Ratschläge und Lösungswege anzudenken und vorzuschlagen, die uns sofort, aber auch langfristig helfen können. Nur, um ehrlich zu sein: Manche dieser Wege sind steinig, manche dieser Ratschläge wollen nicht gehört werden. Denn sie führen schnell zu Situationen, in denen man sich möglicherweise rechtfertigen muss, auch vor sich selbst. Ein einfaches Beispiel: Es kursiert ein Videoclip, in dem auf humorvolle Weise verschiedene Möglichkeiten auftauchen, mit Quarantäne umzugehen. Am Ende des Videos allerdings sitzt der Vater lesend auf der Couch, ein kleines Mädchen ruft und der Vater, der vorher herumgespielt hat, hält ein Pappschild vor sich, das dem Kissen auf der Couch gleicht. Das Kind kommt rein, guckt, niemand da, und verschwindet. Ein amüsantes Video, doch es trifft einen interessanten Punkt: Der Vater zieht sich nicht offen zurück, sagt dem Mädchen nicht, er brauche jetzt etwas Zeit für sich, sondern er versteckt sich. Der Erwachsene versteckt sich vor dem Kind. Wie, wenn das eine reale Situation wäre, würde sich der Vater fühlen?

Ich kann mir vorstellen, dass er sich schämt. Schämt dafür, dass er sich versteckt, dass er seine Zeit haben will, dass er sich nicht um das Kind kümmern will. Er will nicht oder kann nicht und dafür schämt er sich. Dieses Gefühl ist ein bekanntes Krisengefühl. Scham,

Ohnmacht, Hilflosigkeit, weil man der Krise nicht Herr wird, weil man seine Lieben nicht beschützen kann, das kommt häufig vor. Das zu erkennen, befreit. Das ist das Erste, was wir anderen und vor allem uns sagen dürfen. Wir sind nicht die Einzigen, denen es so in der Krise geht. Und es ist in Ordnung. Wir müssen uns nicht dafür schämen, dass wir uns schämen. Akzeptieren wir das, hat das eine befreiende und entlastende Wirkung und kann zu einer neuen Ehrlichkeit mit sich selbst und seinem Umfeld führen. Die Scham in der Krise kann die Chance zu einem wahrhaftigeren Umgang mit sich und den anderen sein.

Für die konkrete Bewältigung dieser Situation ist Scham insofern nicht zu unterschätzen. Überhaupt ist sie für das soziale Miteinander von hoher Bedeutung. Das unserem Partner oder Freund zu erklären, ihm dabei zu helfen, seine möglicherweise eigenen Schwierigkeiten damit einzugestehen, ist eine Frage der inneren Stärke und stärkt den anderen. Zu wissen, du bist nicht allein und auch nicht einsam mit deinen Emotionen. Und es ist gut und in Ordnung, dass du sie fühlst. Sie gehören zu dir.

Was für das Anerkennen der Scham oder Wut oder Hilflosigkeit gilt, gilt natürlich auch für Freude, Spaß oder Genuss. Wir müssen das Leid, das Tausende von

Menschen derzeit ertragen müssen, die Toten, die es schon gibt, im Kopf haben und uns überlegen, wie wir solidarisch sein können. Diese Krise ist die vielleicht größte Krise der Nachkriegszeit. Und doch dürfen wir uns freuen, lachen, genießen. Wir sollen es sogar! Schämen Sie sich nicht dafür, dass Sie Momente des Glücks haben in diesen Tagen – genießen Sie sie. Verstecken Sie nicht Ihre Freude darüber, dass Sie plötzlich Zeit haben, für alte Gewohnheiten und neue Rituale. Wir brauchen diese Augenblicke, denn es sind die Auszeiten, die Schutzräume, die Nischen, die uns Atem holen und Kraft tanken lassen, für alles, was wir derzeit bewältigen müssen und noch bewältigen werden müssen. Das Gute und Schöne und Wahre soll erkannt und anerkannt werden, gerade in schweren Tagen. Es ist die Zusage, dass die Welt und der Mensch im Grunde gut geschaffen wurden, trotz aller Schreckensnachrichten. Dass die Krise unser Blickfeld und Empfinden verändert, uns einengt und in Quarantäne zwingt, aber die grundsätzliche Freiheit und Weite nicht nehmen kann.

Diese Krise kann uns lehren, authentischer zu leben. Mit den anderen solidarisch, achtsamer mit der Natur, empfindsamer mit mir selbst. Wenn wir jetzt auf unsere Gefühle achten, sie nicht einmal klassifizieren nach »positiven« und »negativen«, »guten« und »schlechten«, sondern sie nur als »unsere« betrachten und sehen, wie wir mit ihnen umgehen, wie sie uns tragen können durch diese Zeit und wie wir sie nutzen können, für uns und für andere, dann ist das ein gewaltiges Ziel, ein lohnendes Ziel. Die Gefühle sind ein guter Kompass, besonders für Nähe und Distanz. Wir dürfen sie ernst nehmen, Nähe und Distanz suchen, wenn wir das fühlen. Zugleich sollten wir auf die Gefühle der anderen achten, die wiederum auf ihre achten müssen. Je mehr von uns auf ihre Gefühle achten, ohne gefühlig zu werden, ohne die konkreten Fakten zu vergessen, je mehr von uns in der beschriebenen Art auf ihre Gefühle achten, desto stärker werden wir durch und aus der Krise kommen. Eine Wiederentdeckung der Achtsamkeit auf die Gefühle, die am Anfang richtig schmerzen kann, wäre ein wichtiges Moment für und nach der Krise.

Von der falschen und der rechten Sorge – oder: Warum Solidarität mehr als ein Fremdwort ist

Die Emotionen, die derzeit das Bild der Krise prägen, sind überwiegend solche, die wir als »schlechte« oder »negative« bezeichnen würden. Quarantäne-Emotionen, Lagerkoller-Gefühle. Doch wir sehen auch andere, zum Beispiel Freude und Staunen, Interesse und Stolz, Dankbarkeit und Hoffnung. Diese Emotionen haben verschiedene Gründe: der negative Corona-Test, singende Menschen auf Balkonen, die Frage an einen fernen Verwandten nach dem Befinden, eine gelungene Hilfsaktion, ein Enkel, der die Einkäufe bringt – und die Hoffnung, die sich aus all dem schöpft. Eine Hoffnung, die im Kontrast steht zu den Hamsterkäufen und Corona-Partys und die auf dem basiert, worauf es ankommt: Solidarität.

Solidarität ist ein Begriff, der ein etwas undankbares Dasein fristet. Wir in der Kirche kennen ihn aus der Soziallehre, andere aus Parteiprogrammen, wieder andere aus dem Steuerbescheid, und für viele davon klingt er irgendwie angestaubt. Vielleicht, weil wir in einer Gesellschaft leben, in der Solidarität oft tatsächlich ein Fremdwort ist, im wahrsten Sinne des Wortes. In der wir die Hamsterkäufe als Symbol nehmen können für das, was uns häufig begegnet: Hektik, das Zusammenraffen von Gütern, der Egoismus, das Verteidigen von Pfründen, die Angst, zu kurz zu kommen oder den Kürzeren zu ziehen, die Ignoranz gegenüber Alten, Kranken und Schwächeren. Die Hamsterkäufe, das zeigt uns die Corona-Krise klar, ist Ausdruck einer in Teilen zutiefst verängstigten und egoistischen Gesellschaft.

Solidarität, das hört sich nicht so plakativ an wie Hamsterkauf. Und doch sind die oben beschriebenen Szenen und Emotionen Ausdruck genau dieses vermeintlichen Fremdwortes, das uns offensichtlich gar nicht so fremd ist, und zwar weltweit. Bekannte aus Taiwan haben mir davon erzählt, wie stark Solidarität dort ausgeprägt ist. Beginnend bei der Erkenntnis, dass wir uns schützen müssen, um andere zu schützen. Einschränkungen zu akzeptieren, um die anderen und die Gesellschaft nicht zu schädigen. Oder sie haben mir erzählt von den Restaurants, in denen

Pflegekräfte oder Mediziner 15 bis 20 Prozent Ermäßigung erhalten, Ausdruck des Dankes und der Unterstützung. Der Staat wiederum hat von Beginn an die Ausgabe von Atemmasken geregelt, sodass es keine Hamsterkäufe gab und alle in der Lage waren, Masken zu tragen, ohne Schwarzmarktpreise zu bezahlen. Eine Gesellschaft, die so funktioniert, funktioniert, auch in der Krise.

Dazu gehört die Empathie, das Einfühlen in den anderen, das Erkennen von Nöten und Problemen, das Einordnen und Priorisieren von Bedürfnissen und Notwendigkeiten. Die Krise stellt jeden Tag neu die Frage: Was brauchen wir unbedingt und was müssen wir sofort tun? Langfristige Überlegungen dürfen deshalb nicht komplett eingestellt werden, ansonsten verliert sich eine Gesellschaft in Aktionismus. Solidarität dagegen kann kurzfristig und langfristig ausgelegt sein, individuell und gesamtgesellschaftlich wirken. Für das konkrete Handeln und die gelebte Solidarität, ohne die solch eine Krise nicht zu überstehen ist, ohne gravierende Verwerfungen zu erleben, kennt die Bibel eine nützliche Unterscheidung, die Unterscheidung von der falschen und der rechten Sorge. Es soll hier nicht so sehr um den Bibeltext aus dem Lukasevangelium an sich gehen, der Originaltext könnte in diesem Zusammenhang missverständlich sein. Es soll um das

Begriffspaar gehen, eben die »falsche Sorge« und die »rechte Sorge«.

Die falsche Sorge resultiert, das klingt auch bei Lukas an, vor allem aus Angst. Es ist völlig legitim, jetzt Angst zu haben. Es ist sogar in manchen Fällen höchst ratsam und angebracht. Zugleich kommt mir ein Zitat von Anthony de Mello in den Sinn, der sagt: »Angst liegt nie in den Dingen selbst, sondern darin, wie man sie betrachtet.« Ein Teil der Angst, der für die falsche Sorge mitverantwortlich ist, resultiert auch aus der Perspektive. Wer panisch Angst davor hat, dass morgen trotz aller Beteuerungen die Supermärkte leer sind, der wird schneller zum Hamsterkauf als letztem Mittel greifen. Die falsche Sorge basiert auf Angst, sie basiert auf Misstrauen und auf Egoismus und sie kann jede Beziehung, von der Partnerschaft bis hin zur gesamten Gesellschaft, stören oder sogar zerstören.

Die falsche Sorge, vor der Jesus warnt, heißt im Griechischen »merimna«. Es ist die ängstliche Sorge. Die rechte Sorge, die der Samariter dem verprügelten Mann am Straßenrand erweist, heißt »meletao«. Und die bedeutet: ein Herz haben für den andern. Die rechte Sorge ist die Fürsorge für den andern. Auch die rechte Sorge kennt die Angst, lässt sich davon aber nicht in die Enge treiben. Sie ist geprägt von Vertrauen und

Mitgefühl, von Solidarität. Sie ist tatkräftig und eben nicht angststarr, so wie es Dietrich Bonhoeffer einmal ausgedrückt hat: »Den größten Fehler, den man im Leben machen kann, ist, immer Angst zu haben, einen Fehler zu machen.« Die rechte Sorge kann zu Fehlern führen, das ist in Ausnahmesituationen wie der jetzigen, das ist in jeder Krise so. Die rechte Sorge allerdings ist kein Aktionismus wie die falsche. Sie lässt sich nicht treiben, ist aber zugleich nicht geprägt von der *Acedia*, dem Geist der Trägheit. Die rechte Sorge ist konkret, ist konstruktiv, sie ist solidarisch.

Zur Solidarität, die wir beobachten können, gehören die Fürsorge, die Achtsamkeit mit sich selbst und mit den anderen, aber auch eine neue Form von Askese. Wenn bei »Quarantäne« auch *Quaresima* mitschwingt, das italienische Wort für Fastenzeit, dann bedeutet das auch, dass die Antwort auf die Quarantäne und die Krise eine neue Askese sein muss. Es bedeutet in den Tagen der Isolation ein Verzicht, auf soziale Kontakte, auf Hobbys, auf Güter. Zugleich sollte die Quarantäne-Erfahrung zu einer neuen gesellschaftlichen Askese führen, die Ausdruck ist von Solidarität mit dem, was der Mensch ist, von Solidarität mit den Armen (im Sinne von Kranken, Schwachen, Ausgegrenzten ...), Solidarität mit der Umwelt und Solidarität mit anderen Völkern und Nationen. Diese Solidarität, die derzeit weit weg erscheint, weil Krisenmanagement vor Ort ansetzen muss, um sich dann langsam auszuweiten, ist auf großer Ebene das Antidot gegen eine große Gefahr, die Gefahr der Spaltung: die (noch größere) Spaltung der Gesellschaft, der Staatengemeinschaft und der Welt.

Wir Mönche kennen verschiedene Arten von Solidarität, natürlich allein schon aus unserer Spiritualität und aus dem Evangelium. Beziehen wir die Solidarität aber nur einmal auf die Gemeinschaft, der wir angehören, ist es die Solidarität mit der konkreten Klostergemeinschaft und mit unserer Ordensgemeinschaft. Wir verhalten uns gegenüber unseren Mitbrüdern vor Ort solidarisch, oder sollen es zumindest, aber eben auch gegenüber unseren Ordensmitbrüdern, ob in Italien oder China. Das Spannende daran. Die *Stabilitas loci*, die »Beständigkeit des Ortes«, die wir bei der Profess geloben, kann dazu inspirieren, wie man damit umgeht, an einen Ort gebunden zu sein. Sie braucht aber zugleich die Offenheit für andere Menschen. Das Bleiben an einem Ort wird nur dann nicht zur Erstarrung führen, wenn es verbunden ist mit der Solidarität mit den Menschen vor Ort und denen weit weg. Das Verhältnis von Nähe und Distanz taucht hier in einer neuen Facette auf, aber auch praktische Fragen: Wie »stabil« sollte ein Mensch leben, um stabile Beziehungen zu

haben, die ihn in Krisen wie diesen tragen? Oder öko-
logisch betrachtet: Welche Reisen sind wofür nötig und
was bedeutet es für das Klima und damit die gesamte
Welt? – auch das eine Frage von Solidarität. Der Slogan
»Global denken, lokal handeln« ist auf diese Weise Ausdruck intensiv und solidarisch gelebter *Stabilitas*.

Die *Stabilitas* stellt viele Fragen, die vorher bereits angeklungen und die für uns heute essenziell sind: Wo
fühle ich mich wie zu Hause? Bin ich bei mir daheim?
Kann ich mit den Menschen »vor Ort« eine Beziehung aufbauen – und wie tragfähig ist diese? Wie gehen wir miteinander um, auch in schweren Zeiten, und
wie kümmern wir uns gemeinsam um diesen *locus*, diesen Ort? Verantwortlich, solidarisch, mit der rechten
Sorge? Und, letztlich: Zu unserer *Stabilitas loci* gehört
wesentlich die Gastfreundschaft, über die der heilige
Benedikt schreibt: »Alle Fremden, die kommen, sollen aufgenommen werden wie Christus; denn er wird
sagen: ›Ich war fremd, und ihr habt mich aufgenommen.‹« Sind wir noch in der Lage, auch in der Krise,
gastfreundlich zu sein? Oder, das ist eine Gefahr der
Stabilitas loci, schotten wir uns ab, sind in ruhigen Zeiten satt und in schweren Zeiten voller falscher Sorge?

Die Solidarität, die wir sehen und die wir brauchen,
zeigt sich in dem, wie wir mit der Quarantäne-Situa-

tion umgehen. Ob wir uns an den griechischen Wortursprung von »Krise« halten, an *krínein* – das bedeutet »trennen«, vor allem aber »unterscheiden« –, und im ignatianischen Sinne die Geister unterscheiden, die Maßstäbe überprüfen. Wir haben die Aufgabe, aber auch die Chance, die Balance zu überprüfen und, wenn nötig, an ihr zu arbeiten: der eigenen Balance und der unseres Miteinanders. Und etwas hilft uns dabei: die rechte Sorge vor der falschen Sorge. Gerade jetzt.

Über die Autoren

Pater Anselm Grün OSB,

Dr. theol., geb. 1945, Mönch der Benediktinerabtei Münsterschwarzach, geistlicher Begleiter und Kursleiter in Meditation, Fasten, Kontemplation und tiefenpsychologischer Auslegung von Träumen. Seine Bücher zu Spiritualität und Lebenskunst sind weltweite Bestseller – in über 30 Sprachen.

Sein einfach-leben-Brief begeistert monatlich zahlreiche Leser (www.einfachlebenbrief.de).

Simon Biallowons,

geb. 1984, ist studierter Philosoph und Absolvent der katholischen Journalistenschule ifp. Er arbeitete als Korrespondent in Rom, lebte im Nahen Osten und berichtete als Reporter aus vielen Ländern. Biallowons ist Verfasser zahlreicher Bücher und Cheflektor des Herder Verlages.